KB041975

낡은 것은
가고
새것은
아직 오지
않은

낡은 것은 가고 새것은 아직 오지 않은

낸시 프레이저 지음
김성준 옮김

THE OLD IS DYING AND
THE NEW CANNOT BE BORN

책세상

일러두기   주는 모두 옮긴이 주다.

차례

우리가 알고 있던
세상의 종말

신종 코로나 바이러스의 전 세계적 대유행은 이미 죽어가고 있던 기성의 세계에 결정타를 날렸다. 괜찮은 일자리는 자취를 감추고 자영업자들은 줄줄이 폐업하는데도 집값과 임대료는 급상승하고 있다. 안 그래도 심각하던 소득 불평등과 자산 격차는 더 극심해졌다. 보통 이하의 경제력을 가진 생활인이 누릴 수 있는 삶의 수준은 끝없이 내려가고 있다.

기존의 시스템은 자신이 아무런 해결책을 갖고 있지 않다는 것을 꾸준히 증명하고 있을 뿐이다. 그래서인지 사람들은 삶이 지금보다 나아질 거라는 약속에 더 이상 신뢰를 보내지 않는 듯하다. 정치인들뿐만 아니라 미디어와 가치관까지 기성 질서에 속하던 모든 것이 급격하게 권위와 신뢰를 잃어가고 있다. 다양성과 관용을 찬양하던 서유럽과 북미에서조차 이제는 인종주의와 반이민자 정서가 득세하고, 역사 깊은 중도 정당들은 몰락하고 있다. 좌파와 우파 양쪽에서 선동가 유형의 지도자들이 등장해 인기몰이 중이다. 많은 사람이 주류 언론이 조작됐다고 주장하면서, 더 검증되지 않은 가짜 뉴스에 의존한다. 인터넷에서는 바이러스와 백신을 소재로 한 허무맹랑한 음모론들이 횡행한다. 어쩌다 세상이 이 지경이 된 것일까?

　낸시 프레이저가 쓴 이 책은 우리가 알고 있던 세상이 어떻게 종말을 맞이했는지를 추적한다. 이 책은 미국 정치와 도널드 트럼프를 주된 사례로 삼고 있지만, 그에 관한 책으로만 볼 수 없다. 프레이저의 진단은 지난 수십 년 동안 지배적 세계관으로 군림해온 '신자유주의' 헤게모니가 붕괴했다는 것이다. 많은 이들이 상위 1퍼센트에만 모든 부를 집중시키는 지금의 불평등한 경제 질서가 정의롭지 않음을 깨달았고, 그러한 질서에 더 이상 의존해서는 안 된다고 생각하기 시작했다. 물론 그렇다고 당장 신자유주의 질서를 대체할 새로운 대안이 있는 것은 아니었다. '미국을 다시 위대하게 만들겠다'고 장담한 의외의 인물 트럼프에게 잠시 기회가 갔던 까닭이다. "낡은 것은 가고 새것은 아직 오지 않은" 지금의 위기 상황에서 프레이저는 어떠한 시도가 미래를 위한 청사진을 그릴 수 있을지를 묻고 있다.

미국 정치에서 트럼프의 등장 배경이라는 '보다 작은' 그림에 관심이 있건, 아니면 전 세계적 신자유주의 헤게모니의 위기라는 '보다 큰' 그림에 관심이 있건, 프레이저의 책은 우리에게 곰곰이 생각하고 통찰할 기회를 제공한다.

이 책을 읽고 진지한 비판이론가로서의 프레이저의 면모에 흥미가 생겼다면 국내에도 소개된 《분배냐, 인정이냐?》, 《전진하는 페미니즘》 등의 이론서로 관심을 넓혀봐도 좋겠다. 미국의 진보 학자들이 말하는 '신자유주의' 개념에 관해 더 알아보고 싶다면, 웬디 브라운이 《민주주의 살해하기》에서 설명하는 '신자유주의 이성'과 이 책에서 프레이저가 그려내는 '신자유주의 헤게모니'의 공통점과 차이점에 대해서 고민해보면 도움이 될 것이다. 트럼프에게서 신자유주의 헤게모니의 '위기'를 보는 프레이저와 달리 브라운은 비즈니스맨 트럼프의 정치적 성공을 (정치를 포함한) 삶의 모든 영역을 경제의 문제로 환원해버리는 신자유주의적 이성의 '확장'으로 이해한다. 미국을 대표하는 진보 정치학자인 프레이저와 브라운이 같은 현상에 대해 완전히 상반된 진단을 내리는 것이 흥미롭다.

낡은 것은
가고
새것은
아직 오지
않은

요즘은 누구라도 '위기'라는 말을 입에 올리면 영양가 없는 수다꾼으로 치부되기 십상이다. 위기라는 단어가 워낙 엄밀하지 못하게 자주 회자되다 보니 이제는 말 자체가 진부해진 감이 있기 때문이다. 그러나 정확히 진단컨대 지금 우리는 위기에 처해 있다. 만약 우리가 처한 위기의 특징을 정확히 밝히고 위기의 독특한 역학dynamics을 이해한다면, 우리는 이 위기를 해결하기 위해 필요한 것이 무엇인지도 더 잘 파악할 수 있을 것이다. 또한 그것을 바탕으로 현재의 교착상태를 극복할 수 있는, 다시 말해 정치적 재편성political realignment을 통해 사회 변혁으로 나아가는 길을 엿볼 수 있을지도 모른다.

　　얼핏 오늘의 위기는 정치적인 위기처럼 보인다. 이

위기가 가장 극적으로 표현된 사례는 미국에서 찾을 수 있다. 도널드 트럼프라는 인물의 2016년 대선 승리와 대통령 재임在任, 그리고 그를 둘러싼 논란을 보라. 그러나 유사한 사례는 곳곳에 넘쳐난다. 영국은 브렉시트라는 파국을 겪고 있다. 유럽연합은 정당성을 잃어가고, 유럽연합을 옹호하던 사회민주당과 중도우파 정당들은 와해되고 있다. 북유럽과 중동부 유럽에서는 인종주의적인 반反이민 정당들이 부상하고 있다. 라틴아메리카와 아시아, 태평양 지역에서는 권위주의 정치 세력들이 힘을 얻고 있으며, 그 일부는 원초적 파시스트proto-fascist라고 불러도 될 지경이다. 지금의 위기가 정치적 위기라면 이는 미국에 한정된 것이 아니라 전 지구적인 양상을 띤다.

이 같은 주장이 설득력을 얻는 것은 앞서 언급한 모든 현상이 서로의 차이에도 불구하고 하나의 공통된 특징을 공유하기 때문이다. 이들은 모두 기성의 정치 계급과 정당들이 가진 권위의 완전한 붕괴까지는 아니어도 극적인 약화를 수반한다. 전 세계의 수많은 사람이 지난 수십 년간 정치적 지배를 뒷받침해온 지배적인 상식을 갑자기 더 이상 믿지 않기로 한 것처럼 보인다. 이들은 엘리트들의 진정성을 더는 신뢰하지 않고, 새로운 이데올로기와 조직 그리고 새로운 리더십을 찾는 것 같다. 붕괴의 규모를 고려할 때 이러한 현상들이 단순한 우연의 일치로 한

꺼번에 불거졌을 가능성은 낮다. 그렇다면 우리가 전 지구적인 규모의 정치적 위기에 직면했다고 가정해보자.

엄청난 말처럼 들리겠지만, 이는 전체 이야기의 일부일 뿐이다. 앞서 언급한 현상들은 결국 경제적·생태적·사회적 줄기를 가진 좀 더 광범위하고 다면적인 위기의 모습 가운데 특히 정치적인 측면을 구성한다. 위기의 여러 양상을 함께 고려한다면, 결국 우리가 마주한 것은 하나의 일반적 위기일 것이다. 정치적 위기는 단순하게 일부에서 나타나는 현상이 아니다. 정치적 위기는 표면상으로는 비정치적인 다른 기구들에서 나타나는 막힘 상태the blockages에 대한 반응이며, 따라서 이와 분리해서는 결코 이해할 수 없다. 금융에 의한 경제 전체의 잠식, 서비스 분야의 불안정한 저질 일자리 확산, 타국에서 생산된 저가 품들을 구매할 수 있게 해주었던 소비자 부채의 폭증, 탄소 배출량·기상 이변·기후변화 부정론자climate denialism의 동시 증가, 인종 차별적인 집단 수감과 체계적인 정치적 폭력의 기승, 노동시간 증가와 사회안전망 축소로 인한 가계와 지역사회 삶에 대한 압박 증가 등 미국에서 이른바 '막힘 상태'란 이 같은 현상들을 포함한다.

이러한 작용력들은 꽤 오랫동안 커다란 정치적 지각변동을 일으키지 않은 채 우리의 사회질서 안에 잠복해 있었다. 하지만 더 이상은 아니다. 팽배해 있는 기성 정치에 대한 거부로부터, 객관적인objective 전全 체계적 위기는 자신의 주체적인subjective 정치적 목소리를 발견했다. 요컨대 우리가 겪는 일반적 위기의 정치적 측면은 헤게모니의 위기다.

도널드 트럼프는 이러한 헤게모니 위기의 전형을 보여주는 인물이다. 하지만 그가 등장할 수 있었던 조건들을 명확히 밝히지 않으면, 그의 등장도 이해할 수 없다. 그가 등장하게 된 조건들을 밝힌다는 것은 트럼프주의가 몰아낸 이전의 세계관이 무엇인지 알아내고, 그 세계관이 무너져간 과정을 살핀다는 것을 의미한다. 안토니오 그람시는 이러한 과제를 수행하는 데 필요한 발상들을 제공해준다. 헤게모니란 지배계급이 자신의 세계관을 사회 전체의 상식으로 상정함으로써 자신의 지배를 자연스러운 것으로 보이게끔 만드는 과정을 가리키는 그람시의 개념이다. 조직 차원에서 헤게모니의 대응물은 헤게모니 블록bloc이다. 헤게모니 블록이란 지배계급이 모은 이질적인 사회 세력들의 연합이며, 지배계급은 이 연합을 통해 자신의 리더십을 확고히 한다. 만약 피지배계급이 이 질서에 도전하고자 한다면 그들은 더 설득력 있는 새로운 상식, 즉 대항 헤게모니counterhegemony를 구축해야 하며, 더 강력하고 새로운 정치적 동맹, 즉 대항 헤게모니 블록을 구성해내야 한다.

우리는 그람시의 이 같은 발상들에 한 가지를 더 추가해야 한다. 모든 헤게모니 블록은 무엇이 정의롭고 옳으며 무엇이 그렇지 않은지에 대한 일련의 가정을 공유한다는 논점 말이다. 적어도 20세기 중반 이래 미국과 유럽에서 자본주의의 헤게모니는 옳음right과 정의justice의 서로 다른 두 측면을 결합함으로써 형성되었다. 한 측면은 분배distribution에 초점을 맞췄고, 다른 측면은 인정recognition에 초점을 맞췄다. 분배 측면은 사회가 나눌 수 있는 여러 재화, 특히 소득을 어떻게 할당해야 하는지에 대한 관점을 표명한다. 즉 분배 측면은 사회의 경제구조를 다루며, 간접적인 방식이긴 해도 계급 분열의 쟁점을 다룬다. 반면 인정 측면은 사회가 존중과 존경을, 구성원이 되는 것과 소속감의 도덕적 표지를 어떻게 나눠야 하는지에 대한 관점을 드러낸다. 즉 인정 측면은 사회의 지위 질서에 초점을 맞추며, 지위의 위계 문제를 다룬다.

　또한 분배와 인정은 헤게모니 구축의 토대가 될 본질적인 규범 요소들을 구성한다. 이러한 발상을 그람시의 발상과 결합해본다면, 우리는 트럼프와 트럼프주의를 가능하게 했던 것이 이전에 존재하던 헤게모니 블록의 붕괴와 그 헤게모니 블록을 특징짓는 분배와 인정의 규범적 합의normative nexus에 대한 불신임이었다고 말할 수 있다. 우리는 그 규범적 합의의 구축과 붕괴 과정을 분석함으로써 트럼프주의를 명확히 이해할 수 있을 뿐 아니라, 트럼프 이후 작금의 위기를 해소할 수 있는 대항 헤게모니 블록에 대한 전망도 밝힐 수 있을 것이다. 이러한 논점을 더 설명해보겠다.

진보적 신자유주의의 헤게모니

트럼프가 등장하기 전 미국 정치를 지배하던 헤게모니 블록은 '진보적 신자유주의progressive neoliberalism'였다. 진보적 신자유주의라는 말이 형용모순처럼 들리겠지만, 이 헤게모니 블록은 서로 어울리지 않아 보이는 두 세력의 실재하는 강력한 동맹이었다. 동맹의 한 축은 새로운 사회운동의 주류인 자유주의적 분파(페미니즘, 반인종주의, 다문화주의, 환경주의, 성소수자LGBTQ+ 인권 등)가 담당했고, 다른 한 축은 미국 경제에서 가장 역동적이고 고급스러우며 '상징적'이고 부유한 부문(월 스트리트, 실리콘밸리, 할리우드)이 담당했다. 이 기묘한 커플을 엮어준 것은 분배와 인정에 대한 독특한 일련의 입장이었다.

진보적 신자유주의 블록은 약탈적이고 금권정치적인 경제 프로그램을 자유주의적·능력주의적 인정 정치와 결합했다. 이 혼합체의 분배 요소는 신자유주의적이었다.

이 블록을 이끄는 계급들은 시장의 힘을 국가의 육중한 손아귀와 "세금을 늘리고 지출을 확대하라tax and spend" 라는 과거의 틀로부터 해방시키고자 했으며, 따라서 자본주의 경제를 자유화하고 세계화하고자 했다. 현실에서 이것은 금융화financialization를 의미했다. 즉 이것은 자본의 자유로운 이동을 막는 장벽이나 보호장치의 철폐, 은행에 대한 규제 완화와 약탈적인 대출의 증가, 제조업의 파괴, 노동조합의 약화, 불안정한 저임금 일자리의 확산 등을 뜻했다. 대부분 로널드 레이건과 연결 짓지만 사실은 빌 클린턴이 시행하고 공고화했던 이 경제정책들은 노동계급과 중산계급의 생활수준을 후퇴시키는 한편, 부와 경제 가치를 보다 위로 집중시켰다. 주로 상위 1퍼센트가 수혜자였지만, 전문경영인 계급의 상층부도 혜택을 입었다.

이러한 정치경제 프로그램을 진보적 신자유주의자들이 처음 고안해냈던 것은 아니다. 그 영예는 우파에 돌아가야 한다. 우파의 지적인 권위자인 프리드리히 하이에크, 밀턴 프리드먼, 제임스 뷰캐넌, 선구적 우파 정치가인 배리 골드워터와 로널드 레이건, 우파의 든든한 후원자인 찰스와 데이비드 코크 형제 같은 사람들 말이다. 그러나 여전히 뉴딜적 사고방식과 '민권 혁명rights revolution', 신좌파를 계승하는 수많은 사회운동이 상식에 지대한 영향을 미치는 나라에서, 신자유주의의 우파 '근본주의' 버전은 헤게모니가 될 수 없었다. 신자유주의 프로젝트가 승리를 쟁취하기 위해서는 다시 포장되어야 했고, 더욱 광범위한 호소력을 갖춰야 했으며, 해방을 향한 다른 비경제적 열망들과 연결되어야 했다. 이처럼 지나치게 퇴행적인 정치경제 프로그램은 오로지 진보적인 것으로 치장된 뒤에야 새로운 헤게모니 블록의 역동적인 중심을 차지할 수 있었다.

따라서 이를 위한 필수 재료를 추가하는 과제는 '신민주당원New Democrat'에게 돌아갔다. 필수 재료란 진보적 인정 정치였다. 신민주당원들은 시민사회의 진보 세력들에 의지해서 오로지 피상적으로만 평등주의적이고 진보적 인정의 집단 정서를 퍼트렸다. 이 집단 정서의 핵심을 이루는 것은 '다양성'과 여성의 '역량 강화', 성소수자 인권, 탈인종주의, 다문화주의, 환경주의 같은 이상이었다. 이 이상은 미국 경제의 '골드만삭스화the Goldman Sachsification'와 완전히 양립할 수 있는 특정하고 제한적인 방식으로 해석되었다. 환경을 보호한다는 것은 탄소배출권을 거래하는 것을 뜻했다. 주택의 자가 소유를 촉진한다는 것은 서브프라임 대출상품들을 한데 묶어 주택저당증권으로 되파는 것을 말했다. 평등이란 능력주의를 의미했다.

평등을 능력주의로 환원해버린 것은 특히 치명적이었다. 정의로운 지위 질서를 위한 진보적 신자유주의 프로그램은 사회의 위계를 철폐하려고 하기보다 '재능 있는' 여성과 유색인, 성소수자들이 최고의 자리에 오를 수 있도록 '그들의 역량을 강화해서' 사회의 위계를 '다양화'하고자 했다. 그러한 이상은 본질적으로 특정 계급에 한정된 것이었고, '과소 대표된 집단' 출신의 '자격 있는' 개인들이 같은 계급의 백인 이성애자와 동등한 수준의 지위와 수입을 획득할 수 있도록 보장하는 데만 활용되었다. 그러한 이상의 페미니즘 버전˙은 효과적이긴 했지만, 안타깝게도 다른 점이 없었다. '달려들어leaning in', '유리천장을 깨부수는' 데만 집중하는 이상, 이러한 페미니즘의 주요 수혜자는 이미 필요한 사회적·문화적·경제적 자본을 가진 사람들일 수밖에 없었다. 그들을 제외한 모든 이는 여전히 지하실에 팽개쳐져 있을 것이다.

이러한 인정 정치는 그것이 왜곡된 만큼 진보적인 사회운동의 주류들을 새로운 헤게모니 블록 안으로 끌어들이는 데 효과적이었다. 분명 모든 페미니스트와 반인종주의자, 다문화주의자가 진보적 신자유주의의 대의에 굴복한 것은 아니었다. 하지만 진보적 신자유주의의 대의를 추종하는 사람들은 각자가 속한 운동에서 가장 크고 가시

▪ 셰릴 샌드버그Sheryl Sandberg의 "망설임 없이 뛰어들라"는 주장으로 요약되는 자유주의 페미니즘을 가리킨다. 자세한 것은 42쪽 주석에서 설명한 '린인 페미니즘'을 참고하라.

화된 분파를 구성했고, 그 대의에 저항하는 사람들은 주변부에 머물렀다. 물론 진보주의자들은 진보적 신자유주의 블록의 하급 파트너였고, 이들은 월 스트리트와 실리콘밸리, 할리우드에 있는 그들의 동맹군에 비하면 큰 힘이 없었다. 그러나 그들은 이 위험한 동맹에서 본질적인 무언가에 기여했다. 바로 카리스마와 '자본주의의 새로운 정신'을 제공한 것이다. 이 새로운 '정신'은 해방의 아우라를 뿜어내면서 신자유주의적인 경제활동을 전율로 가득 채웠다. 이렇게 전향적 사고와 해방의 이념, 세계시민적 사고, 도덕적 진일보가 신자유주의와 관련되자 음울한 듯하던 세계가 별안간 황홀한 모습으로 보이기 시작했다. 이러한 에토스에 힘입어 어마어마한 부와 소득의 상향 재분배를 촉진하는 정책들이 정당성의 허울을 뒤집어쓸 수 있었다.

그러나 헤게모니를 쟁취하기 위해 부상하는 진보적 신자유주의 블록은 두 라이벌 세력을 격퇴해야만 했다. 먼저 그들은 적잖게 남아 있는 뉴딜 연합의 잔당들을 해치워야 했다. 토니 블레어의 '신노동당New Labour'을 예고하듯이, 민주당의 친클린턴파는 과거의 동맹군을 조용히 정리해버렸다. 그들은 지난 수십 년간 조직된 노동자와 이민자, 아프리카계 미국인, 도시 중산계급과 거대 산업자본의 일부 분파를 성공적으로 통합해온 역사적인 블록의

자리에 기업가, 은행주, 교외 거주자, '상징 노동자symbolic worker', 신사회운동, 라틴계 미국인, 그리고 청년들의 새로운 동맹을 대신 구축했다. 갈 곳이 없다고 느낀 아프리카계 미국인들로부터는 계속 지지를 받으면서 말이다. 빌 클린턴은 1991~1992년 민주당 대선 후보 경선에서 골드만삭스의 길을 걸을 준비를 하면서도 다양성과 다문화주의, 그리고 여성 인권을 거론하면서 승리를 쟁취했다.

반동적 신자유주의의 패배

또한 진보적 신자유주의는 스스로 인정하는 것보다 자신과 더 많은 것을 공유하는 두 번째 경쟁자를 해치워야 했다. 여기서의 상대는 반동적 신자유주의reactionary neoliberalism다. 주로 공화당에 터 잡고 있었고, 앞서가는 자신의 경쟁자에 비해 덜 일관적이었던 이 두 번째 블록은 분배와 인정의 다른 규범적 합의를 만들었다. 반동적 신자유주의는 진보적 신자유주의와 유사한 신자유주의적 분배 정치와, 그것과는 상이한 반동적 인정 정치를 결합했다. 반동적 신자유주의의 경제 프로젝트는 대외적으로 소상공인과 제조업을 육성하겠다고 외쳤지만, 실제로는 세계의 상위 1퍼센트에 주된 혜택이 돌아가는 금융과 군수산업, 채굴 에너지에 초점을 맞췄다. 반동적 신자유주의는 이 프로젝트를 자신들이 끌어들이고자 하는 지지층의 구미에 맞게 만들기 위해 정의로운 지위 질서에 대한 배타적인 전망을 구축하고자 했다. 대놓고 인종주의적이고 가부장적이며 동성애 혐오적이지는 않더라도, 종족 민족주의적이고 반反이민자적이며 친기독교적인 지위 질서 말이다.

이것이 바로 지난 수십 년간 기독교 복음주의자, 남부의 백인, 농촌과 작은 마을에 거주하는 미국인, 불만을 가진 백인 노동자 계층을 얼마나 불편하건 간에 자유 지상주의자, 티파티 멤버, 상공회의소, 코크 형제, 그리고 몇몇 은행주와 부동산 거물, 에너지산업의 거물, 벤처 투자자, 헤지펀드 투기자와 공존하게 해준 공식이었다. 서로 강조하는 지점이 달랐지만 정치경제학의 큰 질문들에 관한 한 반동적 신자유주의는 경쟁자인 진보적 신자유주의와 실질적으로 다르지 않았다. 물론 주로 민주당이 굴복하긴 했어도, '부자 과세' 문제를 놓고 두 정당이 다툴 때가 있기는 하다. 그러나 두 블록은 모두 '자유무역'과 낮은 법인세, 제한된 노동권, 주주 이익 우선주의, 승자독식의 보상, 금융의 탈규제를 지지했다. 두 블록 모두 재정 지원 혜택을 삭감하는 '대타협grand bargains'을 추구하는 지도자를 선출했다. 둘의 핵심적 차이는 분배가 아니라 인정의 차원에 있었다.

진보적 신자유주의는 이 전투에서 승리한 셈이지만 상당한 비용을 지불해야 했다. 퇴락하던 제조업의 중심지, 특히 이른바 러스트벨트the Rust Belt라 불리는 곳이 희생됐다. 러스트벨트는 빌 클린턴이 추진한 세 가지 정책으로 남부의 새로운 산업 중심지들과 함께 결정타를 맞았다. 세 가지 정책이란 북미자유무역협정NAFTA, 중국의 세계무역기구WTO 가입(이는 민주주의를 촉진하는 일로 일부 정당화됐다), 글래스스티걸법▪의 폐지를 통한 은행 규제의 완화다. 이 세 정책과 그 후속 정책들은 제조업에 의존해오던 지역공동체를 황폐화했다. 진보적 신자유주의 헤게모니가 20년을 군림하는 동안, 두 주요 블록 중 어느 쪽에서도 지역공동체를 도우려는 진지한 노력을 기울이지 않았다. 신자유주의자가 볼 때 그 공동체는 경제적 경쟁력이 없으므로 '시장의 교정'을 받아야 했다. 진보주의자가 볼 때 지역공동체의 문화는 과거에 갇힌 데다 한물간 편협한 가치들과 엮여 있기에, 새로운 세계주의적 사고cosmopolitan의 시혜를 받아 곧 사라질 것이었다. 진보적 신자유주의자는 분

▪ the Glass-Steagall Act. 1932년 당시 정치인들은 경제 대공황의 원인이 상업은행과 투자은행의 겸업이라고 보고, 둘의 겸업을 금지하는 은행 규제 법안을 도입했다. 법안을 발의한 카터 글래스Cater Glass와 헨리 B. 스티걸Henry Steagall의 이름을 따서 '글래스스티걸법'이라고 불린다. 1999년 클린턴 정부는 금융서비스를 현대화한다는 명목으로 이 법을 본격적으로 폐지했다.

배와 인정 어느 측면에서도 러스트벨트와 남부의 제조업과 관련된 지역공동체를 지켜야 할 이유를 찾지 못했다.

헤게모니적 틈새,
그리고 그 틈새를 채우기 위한 투쟁

트럼프가 뒤집어버린 정치적 우주는 매우 협애狹隘했다. 이 우주는 주로 인정의 축에서만 벌어지는 두 버전의 신자유주의의 대립을 중심으로 구축됐다. 사람들은 다문화주의와 종족 민족주의ethnonationalism 사이에서는 선택할 수 있었다. 그러나 어느 쪽을 고르든 금융화와 탈산업화로부터는 벗어날 수 없었다. 진보적 신자유주의와 반동적 신자유주의로 한정된 메뉴에 노동자계급과 중산계급의 생활수준이 무너지는 것을 막을 세력은 없었다. 반反신자유주의 프로젝트들은 공적 영역에서 완전히 배제되지는 않았을지라도 심각하게 주변화되었다.

이로써 상당수의 미국 유권자(금융화와 친기업 세계화의 희생자들)가 본래의 정치적인 본거지를 잃은 채 방치되었다. 두 주요 블록 중 어느 쪽도 그들을 대변하지 않았기 때문에, 미국의 정치적 우주에는 하나의 틈새가 있었다. 어쩌면 일하는 가족을 옹호하는 반신자유주의 정치세력이 뿌리내릴 수 있었을 틈새 말이다. 점점 빨라지는 탈산업화의 속도를 감안할 때, 그리고 불안정한 저임금 임시직의 확산, 약탈적인 빚의 증가, 그에 따른 하위 3분의 2에 해당하는 미국인의 생활수준 하락을 감안할 때, 이 틈새가 누군가에 의해 채워지는 것은 시간문제였다.

어떤 이들은 이 틈새를 메울 수 있는 순간이 2007년과 2008년에 왔다고 본다. 미국 역사상 최악의 대외정책 참사로 여전히 비틀거리던 세계는 곧 대공황 이래 최악의 금융위기를 맞이했다. 세계 경제는 붕괴 직전까지 갔다. 기성 정치는 대응에 실패했다. '희망'과 '변화'를 말하던 아프리카계 미국인은 단순한 정책이 아니라 미국 정치의 '사고방식mindset' 전체를 변혁하겠다고 맹세하고 대통령 자리에 올랐다. 이때 버락 오바마는 설사 의회가 반대하더라도, 대중의 지지를 동원해서 신자유주의로부터 벗어날 기회를 쥘 수도 있었다. 하지만 그는 그렇게 하는 대신에 경제를 거의 난파시킨 월 스트리트 세력에 경제를 맡겼다. (구조적 개혁이 아니라) '회복'을 목표로 정한 오바마는 '무너지기에는 너무 큰' 여러 은행에 막대한 규모의 현금을 긴급 구제책으로 집행했다. 하지만 그는 은행으로부터 피해를 입은 사람들에게는 피해에 약간이나마 걸맞은 행동도 한 적이 없다. 금융위기라는 시련을 겪는 동안 무려 1000만 명의 미국인이 집을 압류당했는데도 말이다. 규칙을 증명하는 유일한 예외는 건강보험개혁법[*]을 통한 저소득층 의료보장제도의 확대였다. 이는 미국의 노동계급 일부에 실질적이고 물질적인 혜택이 되었다. 건강보험 협상이 시작되기 전부터 오바마가 포기했던 단일보험자 체제나 공적보험 기획과 달리, 오바마식 접근은 노동계급 내 분열을 키웠다. 이 분열은 결국 정치적인 면에서 치명적인 것으로 드러났다. 모든 점을 고려하면, 오바마 재임 기간의 주된 방향은 진보적 신자유주의가 인기를 잃어가고 있음에도 현상을 유지하는 것이었다.

헤게모니적 틈새를 메울 수 있는 두 번째 기회는 '월스트리트를 점거하라Occupy Wall Street' 운동의 분출과 함께 2011년에 찾아왔다. 정치체제의 시정 조치를 기다리는 데 지쳐서 스스로 문제를 해결하기 위해 나섰던 일부 시민사회는 '99퍼센트'의 이름으로 미국 곳곳의 광장을 점거했다. 상위 1퍼센트를 배불리기 위해 절대다수를 약탈하는 체계를 고발하면서, 상대적으로 소규모의 젊은 시위대는

---

[*] the Affordable Care Act. 버락 오바마 당시 대통령이 주도해 2014년부터 시행된 미국 의료보험 개혁안이다. 무료 의료보험의 적용 대상을 넓히고 저소득층에 보조금 지급을 확대해 궁극적으로는 전 국민의 의료보험 가입을 실현하는 것을 목표로 하는 정책이다. 그러나 여전히 대부분의 시민이 사보험을 이용해야 하며, 가입한 보험에 따라 이용할 수 있는 의료서비스가 천차만별이라는 점에서 한국의 단일보험자-공적보험 체제와는 거리가 멀다.

곧 광범위한 지지를 얻을 수 있었다. 일부 조사에 따르면 지지 여론이 60퍼센트에 달했다. 이들의 지지층은 주로 포위당한 노동조합과 빚에 허덕이는 학생, 분투하는 중산 계급의 가족, 그리고 증가하는 '프레카리아트'[■]들이었다.

그러나 '점거하라'의 정치적 효과는 2012년에 오바마를 다시 대통령으로 선출하는 데 그쳤다. 점거 운동의 레토릭을 채택하면서, 오바마는 (2016년에는 트럼프에게 투표할) 많은 유권자의 지지를 얻었다. 그러나 롬니에게 승리하고 4년의 시간을 더 벌자 오바마는 다시 신자유주의적인 행보를 이어갔다. 그가 다시 찾은 계급의식은 빠르게 소실됐다. '변화'를 추구하는 것은 행정명령을 발부하는 데만 국한했으며, 부유한 범죄자들을 기소하지도 않았고, 월 스트리트에 대항해 사람들이 단결하도록 하는 데 자신의 영향력을 활용하지도 않았다.

이제 폭풍이 지나갔다고 생각한 미국의 정치 계급들은 잠시도 주저하지 않았다. 신자유주의적 합의를 계속 유지했던 그들은 '점거하라' 운동이 다가올 지각변동을 알리는 천둥소리임을 깨닫지 못했다. 오랫동안 참아왔던

■ precariat. '불안정한precarious'과 '프롤레타리아트proletariat'를 합성한 말로, 불안정한 노동 상황에 놓인 비정규직 노동자, 실업자 등을 일컫는다. 노동을 착취당할 기회조차 구하기 어렵다는 점에서 전통적인 프롤레타리아보다 더 어려운 처지에 놓여 있다.

불만이 2015년과 2016년 선거 때 갑자기 정치적 권위의 급격한 위기로 변모하면서, 드디어 지각변동이 일어났다. 두 주요 정치적 블록은 붕괴할 것처럼 보였다. 공화당에서는 포퓰리즘 의제를 내세우는 트럼프가(그 자신이 계속 우리에게 상기시키듯이) 손쉽게 열여섯 명의 불운한 경선 경쟁자를 꺾었다. 그가 꺾은 몇몇 경쟁자는 당의 거물들과 주요 기부자들이 손수 엄선한 사람들이었다. 민주당 쪽에서는 민주적 사회주의자를 자처하는 버니 샌더스가 오바마의 '기름 부음을 받은' 후계자 힐러리 클린턴에게 놀라울 만큼 진지하게 도전했다. 클린턴은 샌더스를 떨어뜨리기 위해 쓸 수 있는 모든 속임수와 정당 권력의 지렛대를 활용해야만 했다. 두 이방인이 헤게모니적 틈새를 점거하고 새로운 정치적 밈meme들로 그 틈새를 채우려 하자, 익숙한 시나리오가 뒤집혔다.

샌더스와 트럼프 모두 신자유주의적 분배 정치를 맹비난했다. 그러나 둘의 인정 정치는 선명하게 달랐다. 샌더스가 보편주의와 평등주의에 방점을 찍어 '조작된 경제 rigged economy'를 고발했다면, 트럼프는 똑같은 문구를 채택하면서도 거기에 민족주의적이고 보호주의적인 색채를 입혔다. 트럼프는 배제의 언어에 집중하면서 '단순한' 호각 소리에 불과하던 것을 인종주의, 여성혐오, 이슬람혐오, 동성애혐오, 트랜스혐오, 반이민 정서의 거대한 폭발로 바꿔놓았다. 트럼프의 레토릭이 호소한 '노동계급'은 채굴과 시추, 건설과 중공업 등에 종사하는 백인-이성애자-남성-기독교도였다. 반면 샌더스가 지지를 호소한 노동계급은 러스트벨트의 공장 노동자들뿐만 아니라 공적 부문과 서비스 노동자들을 가로질러 여성과 이민자, 유색인종을 포괄할 만큼 폭넓고 광범위했다.

분명 '노동계급'에 대한 두 상의 차이는 상당 부분 수사적인 차원에 있다. 어느 쪽도 후보자의 득표 기반과 엄밀히 부합하지는 않았다. 트럼프의 승리를 가능하게 한 득표 차가 2012년에는 오바마를, 민주당 경선에서는 샌더스를 지지했던 퇴조한 제조업 중심지들에서 온 것은 분명하다. 그럼에도 트럼프에게 투표한 사람들에는 보통의 공화당 지지자라고 생각되는 이들(자유지상주의자, 경영주 그리고 약간의 경제적 포퓰리즘에 동원된 다른 이들)도 포함된다. 이와 마찬가지로 샌더스의 가장 확실한 지지 기반은 대학 교육을 받은 젊은 미국인이다. 그러나 이것이 핵심은 아니다. 샌더스가 지닌 미국 노동계급에 대한 포괄적인 관점은 대항 헤게모니가 될 가능성을 가진 수사적 전망으로서, 샌더스의 포퓰리즘을 트럼프의 포퓰리즘과 가장 분명하게 구분해주는 것이었다.

두 이방인 모두 새로운 상식의 개요를 그렸지만, 이는 각자의 방식에 따른 것이다. 트럼프가 유세에서 내세운 레토릭은, 최선의 경우라고 해도 반동적 포퓰리즘reactionary populism이라고 부를 만한 새로운 시험적 헤게모니 블록 proto-hegemonic bloc을 제안하는 것이었다. 그 레토릭은 초 반동적인 인정 정치를 포퓰리즘적 분배 정치와 결합하는 것처럼 보였다. 이는 사실상 멕시코 국경 장벽과 대규모 인프라 지출을 더하는 것이었다. 반면 샌더스가 상상했던 블록은 진보적 포퓰리즘progressive populism이었다. 그는 포함 적인 인정 정치와 일하는 가족을 옹호하는 분배 정치를 합 치고자 했다. 이는 형사사법제도 개혁과 모두를 위한 의료 보험을 더하는 것이었고, 재생산의 정의와 무상 대학교육 을 더하는 것이었으며, 성소수자의 권리와 거대 은행의 해 체를 더하는 것이었다.

미끼 상술

이 시나리오 중 어떤 것도 실제로 실현되지는 못했다. 샌더스가 힐러리 클린턴에게 패하면서 진보적 포퓰리즘 선택지가 투표용지에서 제거됐다는 것은 누구에게도 놀 랍지 않은 일이다. 그러나 트럼프가 클린턴을 이긴 사건 은 적어도 적잖은 사람에게 예상하기 좀 더 힘든 일이었 다. 새 대통령 트럼프는 반동적 포퓰리스트로 통치하기보다는, 유세 중에 공약했던 포퓰리즘적인 분배 정책들을 폐기하면서 낡은 선거용 미끼 상술 bait and switch 을 작동시켰다. 물론 그는 환태평양경제동반자협정 TPP 에서 탈퇴하고 북미자유무역협정을 재협상하는 등 겉치레를 했다. 그러나 월 스트리트의 고삐를 쥐기 위한 어떠한 노력도 하지 않았고, 일자리를 만들어낼 대규모 공적 인프라 건설 프로젝트를 개시하기 위한 어떤 진지한 시도도 하지 않았다. 제조업 장려를 위한 트럼프의 노력은 대부분 실현 가능성이 없는 것으로 판명된 석탄산업 발전을 위한 설득과 규제 완화라는 상징적인 제스처에 한정되었다. 또한 그는 노동계급과 중산계급 가족을 위한 세법 개혁을 제안하는 대신, (트럼프 일가를 포함한) 1퍼센트에 더 많은 부를 몰아주기 위한 공화당 버전의 표준 문안에 서명했다. 이 마지막 요점이 증명하듯이, 분배 측면에서 대통령의 행위는 엄청난 규모의 정실 자본주의 crony capitalism 그리고 내부거래를 포함했다. 그러나 만약 트럼프 스스로가 경제적 이성의 하이에크적 이상에 미치지 못한다면, 골드만삭스 출신을 잇따라 재무부 장관으로 임명한 일이야말로 신자유주의가 계속 맹위를 떨칠 것이라는 전망을 보증할 것이다.

트럼프는 포퓰리즘적 분배 정치를 폐기하면서 한층 더 강력하고 사악해진 반동적 인정 정치에 몰두하기 시작했다. 트럼프가 부당한 지위의 위계를 옹호하며 벌인 도

발을 나열하자면 끝도 없어서 으스스할 지경이다. 실상은 무슬림이 다수를 이루는 모든 국가를 겨냥했지만 최근 여기에 베네수엘라를 추가하면서 그 사실을 어설프게 숨기려 했던 다양한 형태의 여행 금지 조치, (동의의결*을 활용하지 않기로 한) 법무부와 (연방정부 계약자들에 의한 차별을 감시하는 것을 포기한) 노동부의 시민권 파괴, 성소수자의 권리를 지키기 위한 법정 소송 지지를 거부한 것, 피임에 대한 의무 보험 적용을 폐기하고 원상 복귀시킨 것, 타이틀 IX**의 집행 직원을 해고함으로써 여성에 대한 보호 조치를 감축한 것, 경찰이 용의자를 더 거칠게 다루는 것을 지지하고 법치주의를 무시한 '보안관 조' 아파이오를 옹호한 것, 샬러츠빌에서 폭동을 일으킨 백인우

■　동의의결consent decrees이란 법을 위반한 기업이 피해자를 구제하기 위해 적절한 시정 방안을 제안하면, 이해당사자의 의사에 따라 정식 법적 절차를 밟지 않고 사건을 신속하게 종결하는 제도를 말한다. 미국에서는 주로 민권법 7조에 의해 인종, 성별, 종교, 출신 국가 등의 이유로 차별을 당한 피해자들이 동의의결제도를 통해 신속한 구제를 받을 수 있었다. 트럼프 정부의 법무부는 이런 사례에서 신속한 구제를 고의로 외면하는 태도를 취해왔다. 트럼프 정부의 노동부 또한 연방정부와 계약한 개인이나 기업들이 저지르는 차별마저 감시하지 않기로 하면서, 미국 사회의 시민권 보장 수준을 적어도 수십 년은 후퇴시켰다.

■■　Title IX. 1972년 교육계에서 빚어지는 성별에 의한 차별과 배제를 없애기 위해 제정된 법률이다. 성별에 상관없이 모든 학생이 모든 과목과 교육 시설, 상담, 보험 등에 접근할 기회를 가져야 한다고 규정한다. 트럼프는 직접 법안에 손을 대지는 않았지만 집행 직원들을 해고함으로써 사실상 법률의 무력화를 시도했다.

월주의자 가운데 '아주 괜찮은 사람들'이 있다고 부추긴 것 등이다. 그 결과는 흔해빠진 공화당의 보수주의가 아니라 초반동적인 인정 정치다.

대통령 트럼프의 정책은 후보 시절 유세 과정에서 내세운 공약에서 완전히 벗어났다. 경제적인 포퓰리즘은 자취를 감춘 반면, 희생양을 만들기 위한 작업은 더 악랄해졌다. 요컨대 트럼프 지지자들은 자신이 원한 바를 얻지 못했다. 이러한 귀결은 반동적 포퓰리즘이 아니라 초반동적 신자유주의였다.

그러나 트럼프의 초반동적 신자유주의는 새로운 헤게모니 블록을 구성할 수 없다. 그의 초반동적 신자유주의는 오히려 혼란스럽고 불안정하며 깨지기 쉬운 것이다. 이 불안정성의 일부는 트럼프라는 지도자의 특이한 개인 심리에서 비롯된 것이고, 일부는 트럼프와 공화당 주류의 역기능적 상호 의존에서 비롯된 것이다. 공화당 주류는 당의 통제권을 다시 찾으려 했으나 실패했고, 이제는 기회를 기다리며 출구 전략을 찾고 있다. 앞으로 어떻게 전개될지 정확히 알 수는 없지만, 공화당이 아예 분열될 가능성을 고려하지 않는다면 어리석은 일이 될 것이다. 어느 방향이든 초반동적 신자유주의는 안정적인 헤게모니의 전망을 결코 제공하지 못한다.

그러나 더 심원한 문제가 있다. 트럼프의 초반동적

신자유주의는 유세 때 사용했던 경제적 포퓰리스트라는 위장을 걷어버리면서, 헤게모니적 틈새를 사실상 원상 복귀시킨 것이다. 트럼프는 2016년에 이 틈새가 폭발적으로 벌어지게 한 장본인이지만, 이제 그의 초반동적 신자유주의로는 이 틈새를 봉합할 수 없다. 포퓰리즘이라는 숨은 선택지가 세상에 알려진 이상, 트럼프를 지지하는 노동계급 분파가 (잘못된) 인정 정치만으로 오랜 기간 만족하며 머물지는 의심스럽다.

한편 같은 기간 동안 '저항'은 조직되고 있다. 그러나 반대 진영은 낯 뜨거울 만큼 완고한 친클린턴파와 정열적인 친샌더스파, 그리고 두 진영 중 어느 쪽으로도 갈 수 있는 다수의 대중으로 나뉘어 있다. 그들이 내세우는 프로그램이 가진 발상의 모호함에도 불구하고(혹은 그 모호함 때문에) 전투적인 자세를 앞세워 주요 기부자를 현혹하는 새로운 정치 집단들은 지형을 더욱 복잡하게 만들고 있다.

무엇보다 걱정스러운 것은 인종 문제를 계급 문제와 대립하는 것으로 보는 좌파의 낡은 경향이 다시 기승을 부린다는 점이다. 어떤 저항자들은 흑인과 라틴계 유권자의 지지를 얻기 위한 노력에 집중하자면서, 백인우월주의에 대한 반대를 중심으로 민주당의 정치 전략을 다시 정립할 것을 제안한다. 다른 사람은 트럼프 지지로 돌아선 백인 노동계급 공동체를 되찾아오자면서, 계급 중심의 전략을 옹호한다. 두 관점 모두 계급과 인종을 내재적으로 양립 불가능한 것이자 일종의 제로섬게임으로 상정하는 만큼, 똑같이 문제적이다. 현실에서는 이러한 불의의 두 축을 동시에 공격하는 것이 가능하며, 반드시 그렇게 해야 한다. 하나를 해결하지 못하면 둘 중 어느 쪽도 극복할 수 없다.

그러나 지금의 맥락에서 계급 문제를 잠시 제쳐두자는 제안은 특별한 위험을 불러일으킨다. 이 제안은 포장만 약간 바꾼 채로 이전의 상태로 복귀status quo ante하려는 친클린턴파의 시도와 호응할 가능성이 높다. 그 경우 귀결은 진보적 신자유주의의 새로운 버전, 즉 분배 전선에서의 신자유주의를 인정 전선에서의 전투적 반인종주의 정책과 합치는 버전이 될 것이다. 이 전망은 반트럼프 세력을 멈칫하게 만들 것이다. 트럼프의 서사를 승인하고 그에 대한 지지를 강화하도록 하는 정반대 방향으로 수많은 잠재적 동맹군을 내몰 것이다. 신자유주의에 대한 대안을 억압함으로써 트럼프에게 협력하게 만드는, 따라서 헤게모니적 틈새가 복귀하게 만드는 결과를 초래할 것이다. 그러나 내가 방금 트럼프에 대해서 말한 것이 여기에도 똑같이 적용된다. 포퓰리즘이라는 숨은 선택지는 이미 세상에 드러났고, 그 선택지는 조용히 은폐될 수 없다. 어떤 기반에서든 진보적 신자유주의를 재건하려는 시도는, 사실상 트럼프를 만들어냈던 조건들 자체를 다시 만들어내고 악화시키는 것이다. 또한 이는 (심지어 더 사악하고 위험한) 미래의 트럼프들이 등장할 수 있는 토대를 마련한다는 것을 의미한다.

병적인 증상과 대항 헤게모니적 전망들

이 모든 이유를 고려할 때, 부활한 진보적 신자유주의나 과장된trumped-up 초반동적 신자유주의 중 어느 쪽도 가까운 미래에 정치적 헤게모니를 차지할 만한 적합한 후보로 보이지 않는다. 각각의 블록을 결속하는 끈은 이미 닳아버렸다. 게다가 둘 중 어느 쪽도 현재 새로운 상식을 조형할 위치에 있지 않다. 둘 중 어느 쪽도 사회적 현실의 권위 있는 전체상, 즉 광범위한 스펙트럼을 가진 사회적 행위자가 소속감을 느낄 만한 하나의 서사를 제공할 수 없다. 마찬가지로 신자유주의의 두 변형 가운데 어느 쪽도 헤게모니적 위기의 기저를 이루는 객관적인 체계의 막힘 상태the objective system blockages를 성공적으로 해결할 수 없다. 둘 다 전 지구적인 금융 세력과 공생 관계에 있는 이상, 어느 쪽도 금융화나 탈산업화, 친기업적 세계화에 도전할 수 없다. 둘 중 어느 쪽도 삶의 질 하락이나 급증하는 부채 문제, 기후변화 문제, '돌봄 부족' 문제, 지역공동체의 삶을 견딜 수 없을 만큼 압박하는 문제를 바로잡지 못한다. 두 블록 중 한쪽을 (다시) 권력의 자리에 올린다면, 현재의 위기를 지속시킬 뿐만 아니라 더욱 심화할 것이다.

그렇다면 우리는 단기적으로 무엇을 기대할 수 있을까? 확실한 헤게모니의 부재 속에서, 우리는 불안정한 공백 상태와 정치적 위기의 지속에 직면해 있다. 이러한 상황에서 다음과 같은 그람시의 말은 진실로 들린다. "낡은 것은 가고 새것은 아직 오지 않았다. 이러한 공백 상태에서는 아주 다양한 병적인 증상이 출현한다."

물론 이는 대항 헤게모니를 차지할 적합한 후보가 존재하지 않는 한 그렇다. 대항 헤게모니의 가장 유력한 후보는 모종의 형태를 띤 포퓰리즘일 것이다. 포퓰리즘은 여전히 실현 가능한 선택지일까? 즉각적으로 가능한 선택지가 아니라면 장기적으로 가능한 선택지이긴 할까? 2015년과 2016년에 샌더스나 트럼프를 지지하면서 결정적이라고 할 만한 다수에 해당하는 미국 유권자가 신자유주의적 분배 정치를 거부했다는 사실은 이 선택지의 가능성을 뒷받침해준다. 급박한 질문은 이 다수의 유권자가 새로운 대항 헤게모니 블록 안에 같이 어울릴 수 있느냐다. 이 뒤섞임이 가능하기 위해서는, 트럼프의 노동계급 지지자와 샌더스의 노동계급 지지자가 서로를 동맹군으로 인식해야만 한다. 그들은 서로 다른 상황에 처했지만 동일한 '조작된 경제'의 희생자들이며, 함께 이 조작된 경제를 변혁시킬 수 있다고 말이다.

트럼프가 없다고 하더라도 반동적 포퓰리즘은 그러한 동맹의 기반이 될 수 없다. 반동적 포퓰리즘의 위계적이고 배제적인 인정 정치는 미국의 노동계급과 중산계급의 주요 부문들, 특히 서비스직과 농업, 가사노동 임금에 의존하는 가족에게, 그리고 수많은 여성과 이민자, 유색인종을 고용한 공공 분야에 호소하기에는 틀림없는 장애 요인으로 작동할 것이다. 오로지 포함적인 인정 정치만이 이런 불가결한 사회 세력을 제조업과 광업, 건설업 등과 역사적으로 연관된 지역공동체들까지 포함하는 다른 노동계급과 중산계급 부문과의 동맹 안으로 끌고 올 수 있다.

이제 새로운 대항 헤게모니 블록의 유력한 후보로는 진보적 포퓰리즘만이 남았다. 평등주의적인 재분배와 비위계적인 인정을 합친 이 선택지는, 적어도 노동계급 전체를 뭉치게 할 약간의 가능성은 갖고 있다. 또한 진보적 포퓰리즘은 포괄적 의미의 노동계급을 청년과 중산계급, 전문경영인 계층의 상당 부분을 포함하는 동맹의 지도적인 세력으로 추대할 수 있다.

한편 현재 상황에서는 진보적 포퓰리스트와 지난 선거에서 트럼프에게 투표한 노동계급의 계층 간 동맹이 지금 당장 이루어지기 힘든 이유가 많다. 무엇보다 큰 장애물은 오랫동안 끓어오다가 트럼프에 의해 폭발해버린, 심화된 분열과 증오다. 데이비드 브룩스가 말하듯이 트럼프는 "정치라는 몸뚱아리에 존재하는 모든 상처를 감지하는 코를 가졌으며, 매일같이 시뻘겋게 달아오른 부지깽이로" 조금의 거리낌도 없이 "이 상처, 저 상처를 쑤셔대서 벌어지게끔 한다". 그 결과는 트럼프 지지자를 '개탄스러운 자들deplorables'(구제 불능의 인종주의자와 여성혐오자, 동성애혐오자)이라고 보는 몇몇 진보주의자가 가진 관점을 뒷받침하는 듯한 유독한 환경이다. 반면 모든 진보주의자를 '라떼를 홀짝이며 돈을 긁어 들이면서 자신들을 내려다보는 고질적인 훈계꾼이자 우쭐거리는 엘리트주의자'라고 보는 많은 반동적 포퓰리스트가 가진 정반대의 편견 역시 강화되었다.

분리 전략

지금의 미국에서 진보적인 포퓰리즘의 전망은 이 두 관점 모두를 격퇴하는 데 달렸다. 두 방향의 분열을 촉발하기 위한 분리 전략이 필요하다.

우선 취약한 지위에 있는 여성과 이민자, 유색인을

그들의 의제들을 가로채 신자유주와 호환 가능하도록 왜곡시키는 린인 페미니즘[■], 능력주의에 따른 반인종주의자, 주류 성소수자 운동, 친기업적인 다양성과 녹색 자본주의라는 야바위들로부터 떼어놓아야 한다. 이것이 '린인'을 '99퍼센트를 위한 페미니즘'으로 대체하려 하는 최근의 페미니즘 의제가 가진 목표다. 다른 해방 운동들도 같은 전략을 따라가야 한다.

다음으로 러스트벨트, 남부와 농촌의 노동계급 지역 공동체가 신자유주의와 은밀히 결탁한 현재의 엘리트 동맹군과 절연하도록 설득해야 한다. 특히 진보적 포퓰리즘 블록과 달리 군사주의와 동성애혐오, 종족 민족주의를 유포하는 세력이 이들에게 좋은 삶을 위해 꼭 필요한 물질적 선결 조건을 제시할 수 없을 것이며 실제로 그러지도 못할 것이라고 확신하도록 만들어야 한다. 그렇게 함으로써 우리는 진보적 포퓰리즘의 호소에 반응할 수 있고 또 반응해야만 하는 트럼프 지지자를, 그렇지 않은 공공연

■   the lean in feminism. 페이스북의 임원으로 실리콘밸리에서 성공한 여성 경영인 셰릴 샌드버그가 《린 인 Lean In》이라는 책에서 주창한 것으로, "망설임 없이 뛰어들라"는 샌드버그의 말로 요약할 수 있는 자유주의 페미니즘을 대변한다. 이전의 페미니즘과 달리 불평등한 사회구조의 변혁을 요청하기보다는 개인의 노력과 도전을 통해 권력의 상층부로 올라가라고 요청하는 능력주의적 한계를 드러낸다는 점에서 프레이저에게 크게 비판받는다. 《99% 페미니즘 선언》(낸시 프레이저 외 지음, 박지니 옮김, 움직씨, 2020) 참고.

한 인종주의자와 대안 우파alt-right 종족 민족주의자로부터 분리할 수 있을 것이다. 전자의 수가 후자보다 크게 앞선다고 말하는 것은, 반동적 포퓰리즘 운동이 인종주의적 레토릭에 의존하며 과거 비주류파에 불과했던 현실 속 백인우월주의자를 대담해지도록 만들었다는 사실을 부정하는 게 아니다. 다만 이는 반동적 포퓰리즘을 지지한 사람들의 압도적 다수가 버니 샌더스가 환기한 방식의, 좀 더 포괄적인 노동계급에 대한 호소에 영원히 귀 기울이지 않을 것이라는 성급한 결론을 거부하는 것이다. 그러한 관점은 경험적으로 틀렸을 뿐 아니라 역효과를 내며, 자기 실현적이고 자기충족적일 수 있다.

분명히 해두자. 나는 진보적 포퓰리즘 블록이 인종주의나 성차별주의, 동성애혐오, 이슬람혐오, 트랜스혐오에 대한 시급한 우려 사항들을 묵살해버려야 한다고 말하는 것이 아니다. 오히려 이 방해물과 싸우는 것은 진보적 포퓰리즘 블록의 핵심 과제다. 그러나 진보적 신자유주의의 방식처럼 훈계적인 생색내기를 통해 이 문제를 다루는 것은 역효과를 낼 뿐이다. 그러한 접근은 불의의 문제를 사람들의 잘못된 생각의 문제로 환원하며, 그러한 불의를 뒷받침하는 구조적·제도적 힘의 깊이를 무시하는 피상적이고 부적절한 관점을 전제한다.

이 요점은 인종 문제에서 특히나 명백하고 중요하

다. 오늘날 미국의 인종 불의는 근본적으로 볼 때 모욕적인 태도나 불량한 행태의 문제가 아니다. 비록 그런 현상이 분명히 존재한다 해도 말이다. 문제의 핵심은 진보적 신자유주의 헤게모니가 지배하는 동안 어떻게 탈산업화와 금융화가 구조적 억압의 기나긴 역사에 의해 굴절되어, 인종에 따라 다른 영향을 미쳤는가 하는 점이다. 신용을 제대로 인정받지도 못했고, 분리된 열악한 거주 공간에 갇혀 저축하기에는 너무 적은 급여를 받아왔던 미국의 흑인과 갈인褐人들은 이 기간 동안 체계적으로 서브프라임 대출업자의 타깃이 되었고, 결과적으로 더 높은 비율로 주택 압류를 당해야 했다. 또한 공적 공급에서 체계적으로 소외된 작은 마을과 지역공동체들은 같은 기간에 제조업 중심지가 쇠퇴하며 공장이 문을 닫음에 따라 큰 타격을 입었다. 그들의 손실은 일자리뿐만 아니라 세금 수입에도 반영되어, 그들로부터 학교와 병원, 기본적인 인프라를 유지할 수 있는 자금을 앗아가버렸고, 그 결과 '플린트 납 수돗물 사태'[*](다른 맥락에서는 2005년 뉴올리온스의 로

---

[*] Flint Water Crisis. 2014년 미국 미시간주 플린트시에서 벌어진 대참사다. 플린트시는 미국 제조업 중심지 중 하나인 디트로이트 인근의 공업 도시다. 미국 제조업의 붕괴와 함께 디트로이트 경제권이 망가지면서 플린트시는 엄청난 재정적자에 시달린다. 플린트시는 재정적자를 해결해보려는 노력의 일환으로 상수도 공급원을 바꾸었는데, 그 결과 납에 오염된 식수가 주민들에게 상당 기간 공급되는 사태가 발생했다. 영유아를 포함해

어 나인스 워드의 허리케인 카트리나에 의한 완전한 파괴*)와 같은 참사로 이어졌다. 오랫동안 지나친 형량 부과와 가혹한 수감, 강제노동과 (경찰에 의한 폭력까지 포함하는) 사회적으로 용인된 폭력에 고통받던 흑인 남성들은 이 기간 동안 '감옥-산업 단지prison-industrial complex'에 징집되었다. 흡연용 코카인 소지를 대상으로 한 '마약과의 전쟁'과 빌 클린턴이 진두지휘한 초당적인 입법 '성취'가 초래한 비례에 어긋날 정도의 소수자 실업률 덕분에, 이 감옥-산업 단지는 최대 수용 인원까지 가득 채워졌다. 이런데도 아프리카계 미국인이 대통령으로 재임 중이었다는 고무적인 사실이 이러한 전개 과정에 아무런 영향을 끼치지 못했다는 사실까지 언급해야 할까?

어떻게 이럴 수가 있었을까? 최근의 현상들은 인종주의가 현대 자본주의 사회에 얼마나 깊숙이 뿌리내리고 있는지를, 그리고 진보적 신자유주의의 훈계 두기가 이 문제를 다루는 데 얼마나 무능한지를 보여준다. 이 현상들은 또한 인종주의의 구조적 기반들이 지위와 (잘못된) 인

10만여 명의 납중독 피해자가 발생했다. 주 정부와 연방정부의 늑장 대응이 피해를 더 키웠다.

■　2005년 허리케인 카트리나가 강타하면서 미국 루이지애나주 뉴올리언스의 로어 나인스 워드 지역이 완전히 파괴되었다. 대피 수단이 없는 저지대인데도 구호 당국이 거주자 대부분이 흑인 빈곤층이라는 이유로 늑장 대응을 했다는 의혹이 제기되면서 사실상의 인재人災로 여겨진다.

정의 문제인 만큼이나 계급과 정치경제의 문제이기도 하다는 점을 드러냈다. 마찬가지로 중요한 점은 유색인의 삶에서 기회를 박탈한 세력들이 백인의 삶에서 기회를 박탈한 세력들과 본질적으로 같은 역학적 복합체라는 사실이 드러났다는 점이다. 비록 세부적인 사항들이 다르다고 해도 말이다. 결국 이 현상들은 오늘날 금융 자본주의에서의 인종과 계급 문제의 불가결한 뒤얽힘을 효과적으로 드러낸 것이다.

진보적 포퓰리즘 블록은 이러한 통찰을 스스로의 지침으로 삼아야 한다. 진보적 포퓰리즘 블록은 개인의 태도를 강조하는 진보적 신자유주의와 달리 현대 사회의 구조적·제도적 기반에 노력을 집중해야 한다. 진보적 포퓰리즘 블록에 무엇보다 중요한 것은 금융 자본주의에서의 계급과 지위 문제가 공유하는 공통의 뿌리를 강조해야 한다는 점이다. 진보적 포퓰리즘 블록은 금융 자본주의 체제를 하나의 통합된 사회 전체로 이해하면서 여성과 이민자, 유색인, 성소수자가 경험하고 있는 피해를 우익 포퓰리즘에 가까운 노동계급이 경험하고 있는 피해와 연결해야만 한다. 그렇게 함으로써 이 블록은 이제 트럼프에게 배반당한 이들과 그의 적수들(트럼프의 초반동적 신자유주의를 이미 반대하는 이민자와 페미니스트, 유색인뿐만 아니라 지금까지 지지해온 백인 노동계급까지)을 묶어낼 새롭고 강력한 연합의 기초를 닦아야 한다. 전체 노동계급 내의 주요 분파를 결집하는 이 전략은 충분히 승리할 수 있다. 여기서 살펴본 다른 모든 선택지와 달리, 진보적 포퓰리즘은 적어도 원리상으로는 상대적으로 안정적인 미래의 대항 헤게모니 블록이 될 잠재력을 가졌다.

그러나 진보적 포퓰리즘을 추천하는 것은 잠재적인 주체적 실현 가능성 때문만이 아니다. 경쟁 후보들과 달리 진보적 포퓰리즘은 적어도 원리상으로는 우리가 겪는 위기의 실제적이고 객관적인 측면을 다룰 역량이 있다는 또 다른 장점이 있다. 이 점을 더 설명해보려 한다.

처음부터 지적했듯이, 여기서 논의한 헤게모니의 위기는 경제적·생태적·사회적인 여러 줄기를 아우르는 더 큰 위기 복합체의 한 줄기일 뿐이다. 또한 헤게모니의 위기는 객관적인objective 체계 위기의 주체적subjective 대응물이다. 헤게모니의 위기는 객관적인 체계 위기에 대한 반응이며 그것으로부터 절연될 수 없다. 궁극적으로 위기의 이러한 두 측면(주체적 측면과 객관적 측면)은 흥망성쇠를 같이한다. 어떠한 주체적 반응도 기저의 객관적인 문제에 대한 현실적 해결책의 전망을 제시하지 않는 한, 아무리 설득력 있어 보인다 해도 지속 가능한 대항 헤게모니를 구축할 수 없다.

위기의 객관적 측면은 파편화한 기능장애들의 단순

한 다양체多樣體가 아니다. 위기의 다양한 줄기들은 분산된 다수성을 구성하기보다 상호 연결되어 있으며 공통의 원천을 공유한다. 우리가 겪는 일반적인 위기의 기저에 있는 대상, 그 위기가 가진 복합적인 불안정성의 온상이 되는 사태란 전 지구적이고 신자유주의적이며 금융화된 현행의 자본주의다. 모든 형태의 자본주의와 마찬가지로 현행의 자본주의도 단순한 경제체제가 아니라 그보다 큰 무엇, 즉 제도화한 사회질서다. 제도화한 사회질서로서 현행의 자본주의는 자본주의 경제에 불가결한 비경제적 배경 조건의 집합까지도 포괄한다. 이를테면 경제적 생산에 필요한 임금 노동의 공급을 보장해주는 무임금의 사회적 재생산노동도 그러한 조건의 집합에 포함된다. 축적을 지속하기 위해 필요한 질서와 예측 가능성, 인프라를 공급하는 공적 권력의 조직된 장치들(법, 치안, 규제기관, 운영 역량)도 그 예가 될 것이다. 마지막으로 삶을 지탱할 수 있는 거주 가능한 지구를 비롯해 재화 생산에 필요한 필수적인 에너지와 원재료를 제공하는 자연과 우리의 신진대사 간의 상호작용과 관련된 상대적으로 지속 가능한 조직들도 마찬가지다.

금융 자본주의는 자본주의 경제와 이러한 불가결한 배경 조건들을 조직화하는 역사적으로 특정된 한 가지 방식을 대표한다. 금융 자본주의는 자본축적을 지속 가능하게 하는 (정치적·생태적·사회적·도덕적) 제약으로부터 자본 축적을 해방시킨다는 점에서, 매우 약탈적이며 불안정한 사회조직의 형태다. 앞서의 제약들에서 해방된 자본주의 경제는 스스로를 가능하게 만드는 배경 조건까지 소모해버린다. 금융 자본주의는 자기 꼬리를 먹는 호랑이와도 같다. 이렇게 사회적 삶이 점증적으로 경제화되면서, 제한 없는 이윤 추구는 그것이 의존하는 사회적 재생산과 생태적 지속 가능성, 공적 권력의 형태 자체를 불안정하게 만든다. 이렇게 봤을 때 금융 자본주의는 선천적으로 위기에 취약한 사회구성체다. 우리가 직면한 위기 복합체는 스스로를 불안정하게 만드는 금융 자본주의의 내재적 조건이 점증적으로 극명하게 표현된 것이다.

이것이 위기의 객관적 측면, 즉 여기서 논의한 헤게모니 위기의 구조적 대응물이다. 요컨대 오늘날 위기의 양대 축(객관적 측면과 주체적 측면)은 만발했다. 그 둘은 성쇠를 함께한다. 객관적인 위기를 해결하기 위해서는 금융 자본주의의 거대한 구조적 변혁이 필요하다. 즉 경제와 정치, 생산과 재생산, 인간 사회와 비인간 자연을 관계 짓는 새로운 방식이 요청된다. 어떤 가면을 쓰든 신자유주의는 해결책이 아니라 풀어야 할 문제일 것이다.

우리에게 필요한 유형의 변화는 신자유주의가 아닌 다른 곳, 즉 반자본주의적이지는 않더라도 최소한 반신자유주의적인 기획으로부터만 비롯될 수 있다. 그러한 기획은 대항 헤게모니 블록으로 실현될 때만 역사적인 세력이 될 수 있다. 이 전망이 현재로서는 먼 이야기처럼 들리겠지만, 우리에게 주체적·객관적 해결책으로서 가장 유력한 선택지는 진보적 포퓰리즘이다. 그러나 진보적 포퓰리즘마저도 안정적인 최종 도달 지점은 아닐 수 있다. 진보적 포퓰리즘도 모종의 새로운 탈자본주의 사회 형태로 나아가기 전에 거치는 중간역으로서 과도기적인 기획으로 끝날 수 있다.

　　최종 도달 지점이 어디인지 불확실함에도 불구하고 한 가지 사실은 분명하다. 지금 우리가 진보적 포퓰리즘이라는 선택지를 추구하지 않으면 현재의 헤게모니 공백 사태가 연장될 것이라는 점이다. 이는 정치적 신념이나 인종과 상관없이 모든 노동계급을, 점증하는 압박과 악화되는 건강, 급증하는 빚과 초과근무, 계급 아파르트헤이트와 사회적 불안정성 속에 내버려둔다는 것을 의미한다. 이는 또한 그들을 그 어느 때보다 증폭된 병적 증상(분노에서 비롯되어 희생양 만들기로 표출되는 혐오와, 연대 의식이 사라진 골육상쟁의 세계에서 폭력 분출에 뒤따르는 엄청난 억압) 속에 침수시킨다는 것을 뜻한다. 이 숙명을 피하기 위해서는 신자유주의 경제는 물론이고, 그 경제를 최근까지 뒷받침해온 인정 정치와도 분명하게 결별해야 한다. 배제적

인 종족 민족주의뿐만 아니라 자유주의적·능력주의적 개
인주의도 내던져버려야 한다. 오로지 탄탄한 평등주의 분
배 정치와 실질적으로 포괄적인 계급 문제에 민감한 인정
정치를 결합함으로써만, 현재의 위기를 넘어 더 나은 세
계로 우리를 이끌 역량을 가진 대항 헤게모니 블록을 구
축할 수 있다.

대담

낸시 프레이저・바스카 순카라

"포퓰리즘이라는 숨은 선택지는
세상에 드러났다"

바스카 순카라　먼저 이 질문을 드리겠습니다. 진보적 신자유주의에 대한 글을 쓰시게 된 계기가 무엇인지요? 확실히 진보적 신자유주의는 아주 많은 독자에게 반향을 불러일으키는 개념으로 보입니다. 이 개념은 주로 학계나 다른 곳에서 선생님께서 발견하신 경향성에 뿌리를 두고 있는 것인지요?

낸시 프레이저　저는 실은 오랫동안 진보적 신자유주의라는 개념을 향해 더듬거리며 나아가고 있었습니다. 이 발상을 가리킬 이름을 떠올리기 한참 전부터도, 저는 특히 미국에서 좌파와 중도좌파가 어떻게 잘못된 길로 갔는지를 묘사하기 위해 다른 용어들을 사용했습니다. 미국뿐 아니라 더 넓게는 학계와 광범위한 정치 영역까지 포함해서요. 예컨대 1990년대에 저는 '인정에 의한 분배의 잠식the eclipse of redistribution by recognition'에 대해 글을 썼습니다. 이 표현은 정체성identity과 지위status, 문화를 일방적으로 강조하는 진보 세력의 사유와 실천에서의 불균형이 신자유주의가 득세하는 것을 놓치고 있다는 점, 새로운 형태의 금권정치를 고쳐시키지는 않더라도 그것에 대해 눈을 감고 있다는 점을 지적하기 위한 것이었습니다. 뒤이어 2007년과 2008년의 금융위기 직후에 저는 '역사의 간지'라는 표현을 사용했습니다. 이 문구는 2세대 페미니즘 내지 그 주류 분파들이 어떻게 신자유주의를 고취하는 세력들과의 '위험한 동맹'에 돌입하게 되었는가를 묘사하기 위한 것이었지요. 이 또한 같은 방향을 향한 다른 제스처였습니다. 그다음에는 2016년 선거의 엄청난 스펙터클이 있었습니다. 트럼프가 부상했고, 샌더스의 놀라운 성공이 있었으며, 그 모든 것 위에 힐러리 클린턴의 전략이 있었습니다. 저는 힐러리 클린턴이 지난 수십 년간 신사회운동과 진보 세력들이 둔 패착을 전형적으로 보여주는 인물이라고 생각했습니다.

그 순간 진보주의와 신자유주의가 헤게모니 블록 또는 지배 동맹을 구성하기 위해 협력했다는 요점과, 그들의 결합을 가리키기 위한 이름이 필요하다는 생각이 번쩍 들었습니다. 불현듯 다가온 가장 중요한 깨달음은 신자유주의가 하나의 전체적 세계관이 아니라는 발상이었습니다. 많은 이들이 신자유주의가 하나의 전체를 이루는 세계관이라 믿고 있지만, 사실 신자유주의는 진보적인 인정 프로젝트들까지 포함하는 서로 다른, 심지어 서로 경쟁하는 인정 프로젝트들과 조응할 수 있는 하나의 정치-경제

■ the cunning of history. 개별 행위자의 '의도'와 상관없이 자기 목적을 실현하고야 마는 역사의 자립적 운동을 가리키는 말이다. 프레이저는 '2세대 페미니즘'의 '의도'가 해방을 향한 것이었음에도 결과적으로 신자유주의를 매력적인 진보의 언어로 치장하는 데 이용되었음을 지적하기 위해 이 표현을 사용했다.

프로젝트입니다. 이 요점을 이해하고 나니, 최소한 미국에서는 신자유주의가 진보주의와 가장 튼튼하게 조응해 왔다는 것이 보이더군요. 그러한 조응에 이름을 붙인 것은 무슨 일이 벌어지고 있었는지를 이해하는 데서 큰 진전처럼 느껴졌습니다.

바스카 순카라 많은 이들이 1960~1970년대에는 페미니즘을 비롯한 보다 급진적인 구호들을 지지해왔지만, 이제는 보다 실용적인 노선을 따라 일정한 목표를 성취하고자 새로운 정치 전략을 채택하고 있습니다. 그들은 오늘날의 사회를 보고 이렇게 말할 것 같습니다. "여전히 우리가 성차별주의에 의해 명백하게 분열된 사회에 살고 있는 건 사실이다. 하지만 이 사회에는 더 평등한 노동이 자리 잡았다. 심지어 가사노동에서도 그렇다. 또 이 사회에서 최악의 성차별주의와 성적 학대에 대한 관용도는 이전보다 낮아졌다"라고 말입니다. 선생님께서는 이러한 변화가 중도좌파 페미니즘이 이룬 정치적 성취라고 생각하십니까? 아니면 단순한 우연으로 성취된 것이라고 생각하십니까? 이렇게 질문드리겠습니다. 우리가 이러한 승리에 (선생님과 저 모두 강하게 비판하는) 중도좌파 세력의 공헌이 어느 정도 있다고 인정해야 할까요?

낸시 프레이저 적어도 이 점에 관한 한 페미니즘이 이룬 성취들은 현실을 사는 대부분의 사람의 삶을 실제로 바꿀 수 있는 구조와 제도, 실천을 마련하기보다는 의식을 변화시키는 데 집중된 경향이 있었다고 생각합니다. 이제 미국인 가운데 선량한 3분의 2 정도는 젠더 불평등이 잘못된 일이며 이를 반드시 바로잡아야 한다고 믿습니다. 또한 이들은 지인에 의한 강간과 데이트 강간이 잘못된 일이며, 남성들이 가사노동과 양육 등에서 더 많은 부담을 가져가야 한다고 생각합니다. 신념의 차원에서 모두 중요한 변화들입니다. 하지만 아직 우리는 이러한 평등 지향적 합의들을 제도화하지 못했습니다. 저는 특히 가사노동 분담에 대해 회의적입니다. 저 스스로가 점점 더 쇠약해지시는 아흔의 어머니를 돌보고 있고, 제 친구들 중에도 비슷한 상황에 처한 경우가 많습니다. 제가 봤을 때 최전선에서 필요할 때마다 돌봄노동을 수행하는 건 언제나 딸들과 자매들입니다. 아들들과 형제들이 나서는 경우는 드뭅니다. 그래서 저는 얼마나 변화했는가에 대해 과장하지 않으려 합니다. 물론 몇몇 남성은 아이를 돌보는 일에, 특히 그 일의 유쾌하고 즐거운 부분에 점점 더 많이 관여하고 있다고 생각합니다. 하지만 남성들이 화장실을 청소하고 요강을 비우고, 양로원에 계신 부모들을 돌보는 등의 괴로운 일에 온전히 참여하고 있는지는 확신하지 못하겠습니다.

반인종주의 운동과 관련해서도 비슷한 이야기를 할 수 있습니다. 민권운동은 몇몇 주요한 법적인 승리를 이끌어냈습니다. 그러나 이 운동이 쟁취한 것은 조문상의 권리rights on paper이고, 이 조문상의 권리는 실질적인 사회적 평등에 조금이라도 가까운 무언가로 전이되지 못했습니다. 미국의 유색인들은 형사사법체계와 고용, 주거, 홍수와 식수 오염 등의 문제에서 여전히 엄청난(실로 증가하는) 비대칭과 직면하고 있습니다. 진보파들이 대변한다고 주장하는 절대다수에게 진보적 신자유주의가 그리 실질적인 물질적 혜택을 제공하지 못한 것이 현실입니다. 민권운동의 법적인 승리가 노동권과 노동계급의 삶의 조건들에 대한 거대한 공격과 함께 이루어졌다는 점을 고려하면, 진보적 신자유주의는 그들에게 혜택을 주지 못할 것입니다. 진보적 신자유주의가 전문경영인 계급의 상층부에 혜택을 줬다는 것은 부정할 수 없는 사실입니다. 그들은 거대하고 영향력 있는 계층이지요. 그 계층에 속한 여성들 그리고 유색인들은, 같은 계층에 속한 백인 남성들과 마찬가지로 꽤 혜택을 받았습니다. 하지만 그걸로는 부족합니다. 저는 그 외의 모든 사람에게 주어진 혜택에 대해서는 그리 감명받지 못했습니다.

바스카 순카라   뉴욕 주지사 쿠오모가 관련 법안을 통과시키고 동성결혼의 합법화를 추진하면서, 바로 같은 주週에 성소수자 청년들을 위한 쉼터만 골라서 폐쇄해버린 사례는 현재의 운동과 관련해 많은 것을 상징하는 듯합니다.

선생님께서는 오늘날 세계의 정치적 풍경에 대해, 제가《자코뱅》에서 그랬듯이, 헤게모니의 위기를 겪는 중이라고 표현하셨습니다. 선생님께서는 그람시의 "낡은 것은 가고 새것은 아직 오지 않았다"라는 문장을 인용하셨습니다. 그렇다면 전체로서의 체계가 가진 안정성을 강조하는 비평가들에게는 어떻게 답변하시겠습니까? 오늘날의 신자유주의적 자본주의는 사실상 전 세계를 통치합니다. 신자유주의적 자본주의는 계속 모습을 바꾸면서 위기들, 심지어 2008년의 공황처럼 치명적으로 보이던 위기들까지 흡수할 수 있었습니다. 선생님께서는 어디서 혹은 왜 헤게모니의 위기를 발견하셨습니까? 특히 선생님께서는 트럼프와 오바마, 빌 클린턴과 힐러리 클린턴의 경제적 의제들 간에 일정한 연속성이 있다는 점을 지적하시기도 했습니다.

낸시 프레이저   아주 중요하고 복잡한 질문을 던지셨네요. 제가 강조하고 싶은 첫 번째 요점은 헤게모니의 개념과 관련된 것입니다. 제가 이해하기로 헤게모니는 하나의 주어진 세계관이 가진 정치적·도덕적·문화적·지적 권위, 그리고 사회 세력들과 사회 계급들 간의 튼튼하고 강력한 동맹을 통해 스스로를 체화할 수 있는 역량을 가진 세계관의 문제입니다. 진보적 신자유주의는 지난 수십 년간 그러한 의미에서의 헤게모니를 만끽했습니다. 그러나 지금은 진보적 신자유주의의 권위가 완전히 박살 나지는 않았다고 해도 심각하게 약화되었죠.

전 세계에 퍼진 반신자유주의 운동의 폭발을 고려해 봅시다. 우리는 대체로 영국에서의 브렉시트 투표나, 북유럽과 중동부 유럽, 라틴아메리카와 아시아에서의 인종주의적 반이민자 정당들의 부상 같은 우익 포퓰리즘에만 초점을 맞췄습니다. 물론 미국 선거에서 트럼프가 승리한 것도 마찬가지입니다. 그러나 우익 포퓰리즘은 이야기의 일부일 뿐입니다. 우리는 좌익 반신자유주의 세력들, 그러니까 영국 노동당을 좀 더 왼쪽으로 이동시킨 코빈Jeremy Corbyn 열풍, 장뤼크 멜랑숑Jean-Luc Mélenchon의 불복하는 프랑스La France Insoumise, 스페인의 포데모스Podemos, 그리스의 초기 시리자Syriza, 미국에서 버니 샌더스의 유세를 중심으로 뭉쳤던 세력들을 포함하는 세력들을 간과해서는 안 됩니다. 이 사례들은 우파가 됐건 좌파가 됐건, 인민들이 지배적인 신자유주의 서사를 더 이상 믿지 않는다고 말하고 있음을 보여줍니다. 인민들은 중도좌파나 중도

우파의 지원을 받는 기성 정당들에 대한 신뢰를 잃었습니다. 그들은 완전히 다른 무언가를 시도하고 싶어 합니다.

바로 이것이 헤게모니의 위기입니다. 물론 반헤게모니 세력들이 권력을 잡을 때 벌어지는 일들은 또 다른 이야기입니다. 트럼프는 미끼 상술의 가장 명백한 사례입니다. 그는 유세 때 약속한 반신자유주의적 경제 정책들을 임기 중에 추진하지 않았습니다. 또 수사적으로 추악하고 배제적이며 인종주의적이고 외국인 혐오적인 비유들을 계속 부추겼습니다. 그러나 2016년 당시 이와 함께 공약한 경제적 포퓰리즘은 사라졌고, 그것은 우익 신자유주의 정책들의 표준문안(부자들의 세금 삭감 등등)으로 대체됐습니다.

이것이 보여주는 바는 여전히 모든 곳에서 맹위를 떨치는 신자유주의 정책들과, 크게 흔들리고 있는 신자유주의 헤게모니를 구분할 필요가 있다는 것입니다. 우리는 두 사태가 팽팽하게 긴장을 이루며 뒤섞이는 상황에 처해 있습니다. 이것이 그람시의 말이 아주 적실한 이유입니다. 첫 번째 사태는 신자유주의 권위의 극적인 약화입니다. 신자유주의의 발상들과 정책들, 그 기저를 이루는 제도적 질서에 대한 신뢰는 감소했습니다. 두 번째 사태는 정치적 차원에서든 제도적 차원에서든 적어도 실현 가능한 대안을 만들어내는 데서의 무능력입니다. 이 두 사태의 조합에는 폭발력이 있습니다.

바스카 순카라 신자유주의 정책과 신자유주의 이데올로기를 구분하신 게 상당히 흥미롭습니다. 신자유주의 정책의 기원은 (밀턴 프리드먼이나 정책의 지적 정당화를 추구한 시카고 학파 같은 게 아니라) 아마도 그저 1960년대와 1970년대의 자본가들이 이윤율의 감소를 목격했던 데 있지 않았을까요? 자본가들은 구질서가 더 이상 작동하지 않는 것을 보고 "더 적은 규제가 필요하다. 더 적은 노동조합이 필요하다. 우리는 이윤 창출의 방해물을 없애고 싶다"라고 말했을 겁니다. 신자유주의적 정책은 시장의 우선적 필요에 기원을 두고 있다고 이해해야 할까요? 아니면 그보다 더 복잡한 기원을 갖고 있다고 이해해야 할까요?

낸시 프레이저 아주 흥미로운 질문입니다. 저는 신자유주의 정책이 여러 다른 차원에서 이루어진 몇몇 전개 과정의 만남에서 비롯됐다고 봅니다. 물론 하이에크적 발상들의 엄청난 부흥이 있었죠. 모두가 하이에크의 사상은 역사의 쓰레기통에 영원히 처박혀 있을 거라 생각했지만, 갑자기 무덤에서 돌아와 여러 진지한 지식 운동에 영감을 주었습니다. 하이에크의 부활은 1940년대에 설립된 몽펠

레린 학회와 좀 더 최근인 1970년대 이후에 설립된 다수의 물질적으로 풍족한 싱크탱크들이 벌인 상당히 조직화된 노력의 결과였습니다. 그러나 곧 이데올로그들은 그저 이윤을 더 올리길 원하는 수많은 기업의 실용적인 CEO들의 마음을 얻게 됩니다. 그리고 비슷한 시기에 기업의 성공을 평가하는 기준에 큰 변화가 일어났습니다. 성공의 평가 기준이 주가수익률에서 주주 가치로 바뀌면서, 경영진의 핵심 임무는 주식시장에서 기업 주식의 가치를 올리는 것이 되었습니다.

따라서 몇 가지 다른 종류의 변화가 있다고 하겠습니다. 지적 차원의 변화들이 있고, 자본주의 경제의 통행 규칙에서 일어난 변화들이 있습니다. 모든 변화는 절대다수의 삶의 수준을 위협했습니다. 이것이 신자유주의 프로젝트가 액면가 그대로는 정치적 인기를 모을 수 없는 이유입니다. 여기서 '진보주의자들'이 개입합니다. 진보주의자들은 페미니즘과 반인종주의, 성소수자 인권의 자유주의적이고 개인주의적인 흐름들을 끌어들이면서 제한 없는 자유시장과 금권주의자들을 포장해줄 이데올로기적 장식을 만들었습니다. 물론 많은 진보주의자는 경제 문제에 관심이 없거나 경제 문제에 초점을 맞추지 않았습니다. 그러나 진보주의자들의 '해방'에 대한 능력주의적, 유리천장 깨기식 관점에는 자유시장의 집단 정서와 선택적 친화력이 있었습니다. 진보주의자들과 신자유주의자들 모두 사태를 개인주의적인 극복의 관점에서 이해하는 경향이 있었습니다. 그것이 선택적 친화력입니다.

그러나 현재로 돌아와서 보자면, 오늘날 하나의 지적 이데올로기로서의 신자유주의는 매우 약해졌습니다. 물론 공공연한 프리드먼주의자와 하이에크주의자도 남아 있긴 하지만, 저는 얼마나 많은 생각 깊은 우익 지식인들이 신자유주의에 대한 보수적이고 친노동계급적인 대안을 모색하고 있는가에 대해 매우 감명을 받았습니다(저는 다시 한번 미국의 경우를 생각하고 있습니다). 저는《뉴욕타임스》의 로스 다우섯Ross Douthat이라든가《아메리칸 어페어스American Affairs》의 편집자 줄리어스 크레인Julius Krein 같은 인물을 떠올립니다. 이들은 그동안 우리가 들어보지 못한 발상들을 내놓으면서 추종자들을 얻고 있습니다. 심지어 공화당의 선출직 공무원들도 사회의 인프라가 붕괴되는 중이며 재정적자가 세상에서 가장 중요한 문제는 아닐뿐더러 정부가 해야 할 다른 임무도 많다는 점을 이해하고 있습니다. 지금은 신자유주의의 참된 신봉자는 많이 남아 있지 않습니다. 비록 다른 대안들이 없을 때 월 스트리트와 실리콘밸리, 자본가계급의 다른 분파들은 금융 규제에 맞서서, 높은 법인세에 맞서서, 그리고 상여금을 제한하려는 모든 시도에 맞서서 필사적으로 싸우겠지만요.

바스카 순카라　저는 선생님의 글에서, 샌더스와 트럼프 각각의 지지 기반이 미디어에서 종종 관념화된 버전으로 그려진다는 점을 지적한 부분이 아주 좋았습니다. 가령 트럼프의 지지 기반은 모두 블루칼라에 안전모를 쓴 백인 노동자들이고, 샌더스의 지지 기반은 그와는 다르다는 식이지요. 그러나 제 생각에 진짜 위협적인 것은, 선생님께서 말씀하신 데서 조금 벗어나긴 합니다만 스티브 배넌 Steve Bannon 식의 공화주의가 부상했다는 것입니다. 그들은 다수가 되기 위해서 많은 갈인이나 흑인 노동자들의 지지를 필요로 하지 않았습니다. 그들은 현저하게 낮은 40퍼센트의 지지 기반을 가지고도 흑인 투표에서 10퍼센트 정도 혹은 라틴계 투표에서 10퍼센트 정도만 더 얻으면 실제 다수파가 될 수 있었습니다. 그것이 진짜 무서운 점입니다. 그들 중 일부는 엄청난 적자재정을 위한 계획이나 일자리 창출을 위한 인프라 건설을 하겠다는 식의 멋진 계획을 내세우기도 했습니다.

낸시 프레이저　정확한 지적입니다. 트럼프의 2016년 대선 유세에서 배넌의 구상이 가진 천재성을 보여줬던 부분이기도 합니다. 거기에는 하나의 구상, 즉 친노동계급적 구상이 있었습니다. 비록 그 구상이 진정성이 있는 것이었는지, 아니면 그저 선거에서 이기기 위한 냉소적 계책에 불과한 것이었지는 또 다른 문제겠지만요. 중요한 사실은 배넌주의가 친기독교적 종족 민족주의와 한통속이었기 때문에 아주 낡아 빠진, 한정적이고 배제적인 노동계급의 구상을 투사했다는 점입니다. 지적하신 바와 같이 그 노동계급에는 백인 남성 공장 노동자, 광부, 석유 시추 노동자, 건설 노동자 같은 사람들만이 속하는 거지요. 배넌주의의 구상은 앵글로-마초적 집단 정서를 갖고 있었습니다. 하지만 실제 노동계급은 종족이나 인종, 젠더나 섹슈얼리티 등등의 관점에서 아주 다양합니다. 공적 부문의 노동자, 농부, 가정 내 노동자, 성노동자, 소매점 노동자, 자원봉사 분야와 개인 주택에서 유급 또는 무급 노동을 수행하는 사람들만 포함시켜도 노동계급에 대한 전적으로 다른 그림을 얻을 수 있습니다. 이러한 사실이 제게 친노동계급 포퓰리즘은 적어도 두 가지 다른 가능한 형태가 있음을 시사해주었습니다. 한편에는 배넌의 포퓰리즘, 즉 제가 말씀드린 바와 같이 상당히 한정적인 포퓰리즘이 있고, 다른 한편에는 샌더스가 최선을 다해서 환기했던 포퓰리즘, 즉 왼쪽에 있는 우리가 앞으로 구축해나가야 할 포퓰리즘이 있습니다.

바스카 순카라 미디어는 언제나 이렇게 말하는 경향이 있습니다. "후보들은 모름지기 노동계급과 흑인들의 표를 얻어야 한다"고요. 신자유주의 시대에 '노동계급'이라는 말은 특정한 시기, 즉 오직 선거가 돌아오는 4년이나 2년 주기로 유권자 블록으로서 유용해지는 백인들을 가리키는 완곡 어구로 보입니다. 반면에 저는 제2차 세계대전 이후의 시대를 생각할 때, 자신들이 새로운 시대를 건설하는 중이라는 점을 의식하고 있는 노동조합과 국가 관리자, 자본의 분파들이 함께 건설한 시대로 이해합니다.

토니 블레어의 신노동당이나 빌 클린턴의 신민주당 혹은 그 외 모든 진보적 신자유주의 세력이 자신이 하는 일을 어느 정도까지 인식하고 있었다고 보십니까? 나름대로 애쓰며 살아가는 이민자였던 제 부모님께서 미국에 갓 들어왔을 때 빌 클린턴의 연설을 들으셨다면, 아마 좋은 의미에서 그분들에게 익숙한 제3세계 포퓰리스트가 하는 연설 같다고 생각하셨을 겁니다. 제 생각에 이 정치인들이 설득력이 있었던 이유는, 그들이 실제로 자신들이 하는 말들을 믿었고, 자신들이 무언가 새로운 것을 이데올로기적으로 구축하는 중이라고 생각하지 않았기 때문으로 보입니다.

낸시 프레이저 이 질문도 역시 복잡하군요. 뉴딜이 고도로 의식적으로 이루어진 의도를 가진 프로젝트였다는 데는 의심의 여지가 없습니다. 이 프로젝트는 제2차 세계대

전 이후 미국 사회의 기반을 닦았습니다. 자유방임국가가 자신의 생존에 위협이 된다는 점과 지속적 이윤율의 튼튼한 체제를 성취하기 위해서는 국가와 경제의 관계에서 주요한 변화가 필요하다는 점을 이해한 자본가계급의 계몽된 분파들도 이 프로젝트에 관여했지요. 이 자본가들은 1930년대와 1940년대에 호전적인 노동운동(노동조합, 공산주의자, 사회주의자들)과 동맹(매우 강력해서 심지어 헤게모니적이기까지 한 동맹)을 맺는 전례 없는 길을 갔습니다. 뉴딜을 지배하는 정신은 국가적·케인스적 사회민주주의 national-Keynesian social democracy였습니다. 이 정신은 엄청난 수의 이민자를 사회로 병합할 것이었습니다. 이민자들을 중산계급의 삶을 살며 교외에 검소한 집을 꾸리고, 그들이 만든 자동차를 모는 등의 일을 할 수 있는 '진정한 미국인'으로 만듦으로써 말이죠. 뉴딜의 주된 구성원은 산업 노동조합들과 선견지명을 가진 지식인들, 그리고 결국 '계급 타협'을 받아들일 의지가 있는 주요 제조기업들, 나아가 아프리카계 미국인, 이민자, 도시 중산계급이었습니다. 이는 다 합쳐 보면 매우 강력한 헤게모니 블록이었습니다.

그러나 영원한 것은 없습니다. 뉴딜 블록은 1960년대와 1970년대부터 지난 수십 년에 걸쳐 천천히 해체됐습니다. 뉴딜 블록은 왼쪽으로부터는 전 지구적 인기를 누리는 신좌파로부터, 오른쪽으로부터는 기업가 계층과 자유시장주의자들의 도전을 받았습니다. 닉슨의 선거와 레이건의 선거가 분수령이었습니다. 닉슨의 '남부 전략southern strategy'은 공화당이 '백인족white ethnic'이라고 부르는 사람들, 순카라 선생님이 방금 언급했던 바로 그 교외 노동계급 계층에 성공적으로 호소함으로써 일종의 견본을 제공했습니다.

이러한 위협에 맞서 민주당은 보수 측의 전략을 패퇴시키고 선거 정치에서 우위를 회복할 수 있는 성공적인 공식을 찾고자 분투했습니다. 구세주는 빌 클린턴이었습니다(저는 그가 인생에서 진심으로 믿은 것이 있었는지 잘 모르겠습니다. 그 질문에 대답하기 위해선 정신분석학자가 필요할 텐데, 전 그런 사람이 아닙니다). 빌 클린턴은 제조업 노동자들로 이루어진 민주당의 전통적 기반을 탈중심화하면서, 교육 수준이 높은 도시 전문직과 '상징 노동자들'의 지지를 얻을 수 있는 '신민주당'을 만들자는 착상을 하게 됩니다. 이 발상은 토니 블레어의 신노동당의 모델이 되기도 했습니다. 이때 블레어는 영국 보수주의의 강력한 영향력을 저지하고자 하는 유사한 목표를 갖고 있었죠. 블레어와 클린턴 같은 정치인은 어떻게 자신의 정당이 시대의 변화에 발맞춰 적실성을 유지하고 선거에서 이길 수 있는지를 찾아내고자 했던 기회주의자들이었습니다. 그 과정에서 그들은 새로운 헤게모니적 정치구성체를 발명했습니다. 즉 진보적 신자유주의가 뉴딜형 사회민주주의의 뒤를 이을 프로젝트가 됩니다.

또한 그들을 호소력 있게 만들어준 세대 차원의 무언가가 있었습니다. 저는 빌 클린턴과 앨 고어가 젊음을 앞세워 같이 유세를 다니던 때를 아주 선명하게 기억합니다. 그들은 1960년대 세대에 속했고, 미국 정치의 정상에서 이루어진 거대한 세대 전환을 대표했습니다. 빌 클린턴은 대마초를 피운 적이 있을까요? 베트남전이 벌어지는 동안 그 둘은 무엇을 하고 있었을까요? 클린턴과 블레어의 젊음에는 상당히 강력하고 카리스마 있는 무언가가 있었습니다. 그들의 페르소나는 신선하고 다른 무언가를 뿜어냈습니다. 그러나 저는 그걸 포퓰리즘이라고 부르진 않겠습니다. 저는 여전히 그들이 진보주의라는 말로 가장 잘 묘사될 수 있다고 생각합니다. 아마도 순카라 선생님의 부모님들께서 감명을 받았던 건 클린턴의 저 유명한 '타인의 고통을 느낄' 수 있는 감수성에서였을 겁니다.

바스카 순카라 미국 역사에서 엄청난 순간 중 하나는 클린턴이 그 활동가에게 고개를 돌리고 "당신의 고통을 느낍니다. 당신의 투쟁에 공감합니다"라고 말하던 바로 그때였습니다. 그러고 나서 그는 어떤 문제도 해결하지 않았죠.

낸시 프레이저　맞습니다. 빌 클린턴의 기회주의에는 또 다른 측면이 있습니다. 그는 주식시장이 어떻게 움직이는가에 대해 아는 바가 거의 없었지만, 누구에게 이 문제를 물어봐야 할지는 알았습니다. 그는 시장을 행복하게 해주는 것에 모든 것이 달렸다고 생각했습니다. 클린턴이 신자유주의 경제에 무슨 신념을 갖고 헌신한 것은 아닙니다. 그러나 그는 권력을 쟁취하고 유지할 수 있는 자신의 역량이 다른 누구보다 월 스트리트의 안녕에 의존한다는 것을 직감했습니다.

어쨌든 결과는 새로운 헤게모니 동맹이었습니다. 뉴딜 블록은 진보적 신자유주의 블록에 의해 대체되었습니다. 진보적 신자유주의는 새로운 발상들의 집합을 중심으로, 새로운 사회 세력들의 집합을 기반으로 구축되었습니다.

바스카 순카라　저는 민주당 지지자들에 대해서도 생각해봅니다. 종종 간과되지만, 민주당 지지자들은 자신들이 나쁜 일자리를 갖고 있어도 그게 무직보다는 낫다고 인식합니다. 가령 노동자들을 위한 전체 파이가 작아지고 있다고 해도, 우리 같은 흑인이나 갈인들은 적어도 이전보다 상대적으로 큰 조각을 얻어가고 있습니다. 최근에 와서야, 혹은 8년에서 10년 전쯤에 들어서서야 사람들은 민주당의 지지부진함에 진력이 난 걸로 보이고, 미지의 영역으로 뛰어들고자 하는 것으로 보입니다.

낸시 프레이저 언제 사람들이 한계점에 도달하는지 말하기란 매우 힘듭니다. 냄비 속의 개구리처럼 말입니다. 수온이 천천히 올라가니까 개구리는 바로 냄비 밖으로 뛰쳐나오지는 않습니다. 무언가 계기가 있기 전까지는요. 진보적 신자유주의의 헤게모니 아래서 삶의 수준은 지속적으로 하락했지만, 이 헤게모니로부터 벗어날 의지가 없는 사람들은 거기에 대처하기 위한 모든 방식을 시도했습니다. 예컨대 노동조합들은 급여 삭감에 동의하고, 활동의 초점을 기존 노동자들을 보호하는 데 맞추었으며, 새로운 노동자들이 좋지 않은 조건으로 고용되는 걸 묵인했습니다. 그들은 기존의 틀을 깰 용기가 없었습니다.

　사람들이 정확히 언제 그리고 왜 한계점에 최종적으로 도달하는지 누가 말할 수 있겠습니까? 이 문제에 대한 명확하고 이성적인 설명이 가능하다고 생각하지 않습니다. 하지만 개별 인물의 역할도 중요합니다. 가령 도널드 트럼프는 단절을 준비하는 세력 일부를 위한 피뢰침이자 유인자, 확산자로 작동했습니다. 이와 대조적으로 힐러리 클린턴은 연속성과 현상태status quo를 전형화한 인물이었습니다. 클린턴의 샌님 같은 이미지, 우익 미디어의 공격에도 살아남은 '생존자'라는 서사, 그리고 이제는 '자기 차례'라는 확신 같은 것 말이죠. 어떤 이들은 조 바이든이나 버니 샌더스가 후보였다면 선거를 이길 수 있었으리라 예상하기도 합니다. 그러니 한계점을 결정하는 데 있어 개별 인물의 역할을 과소평가할 수는 없겠죠.

바스카 순카라　차라리 우리 둘 중에 한 사람이 후보로 나갔어도 그 선거는 이길 수 있었을 겁니다.

　다른 질문을 하나 드리려 합니다. 선생님과 저의 기술적 전문 영역을 넘어서는 질문이 될 텐데요. 선생님께서 지적하신, (트럼프의 반동적 포퓰리즘과는 대조를 이루는) 샌더스의 진보적 포퓰리즘이 사람들이 그리워하는 과거의 무언가를 다시 갖고 올 수 있다고 보시는지요? 예컨대 예전의 안정성이나 안전망, 재분배의 약속 같은 것들 말이죠.

　선생님의 글에서 매우 설득력 있는 구절을 보면, 트럼프가 약속을 잘 지키지는 않았어도 포퓰리즘이라는 숨은 선택지를 이미 세상에 드러냈다고 경고하셨습니다. 아니 경고라기보다는 일종의 위안이겠네요. 제가 걱정하는 것은 만약에 구조적 역관계나 정치적 반대 때문에 우리 진보 진영에서도 똑같이 약속을 못 지키는 일이 생기면 어떡하냐는 것입니다. 어쩌면 오바마 스타일의 정치보다 그게 더 나쁜 결과를 낳지 않을지요?

낸시 프레이저 그 점이 정말로 걱정거리라는 데 전적으로 동의합니다. 그리스의 시리자만 봐도 그렇습니다. 왜 결국 시리자가 무너졌고 유로존을 떠나지 못했는가는 복잡한 질문입니다. 저는 어느 한쪽으로 판단을 내리지는 않을 겁니다. 그러나 시리자의 경우는 분명 위대한 승리처럼 보이던 것이 다른 무언가로 바뀌어버린 사례입니다.

우리가 언급한 현존하는 좌익-포퓰리스트들 모두에게는, 그들이 직접 포퓰리즘이라는 단어를 쓰건 쓰지 않건, 약간의 시대착오적인 분위기가 있습니다. 특히 샌더스와 코빈이 그렇죠. 그들은 옛날의 좌익이나 사회민주주의를 환기시킵니다. 그들은 이민 문제에 대해 무엇을 말하고 실행해야 할지 정확히 알지는 못해도, 본능적 직감이 좋은 사람들입니다. 그러나 그들 중 누구도 사회안전망과 양질의 일자리, 완전고용, 좋은 사회복지와 가족 지원 등등의 이상을 실현하는 데 필요한 근본적인 경제적·사회적 재구조화의 구체적 프로그램을 갖고 있지는 않다고 봅니다. 1940년대의 제조업을 되살릴 수 없는 현재 미국의 조건에서, 어떻게 하면 오늘날에 이르러 더 시급하고 중요해진 이 이상들을 실현할 수 있을까요?

아직 고안되지 않은 어떤 새로운 형태의 자본주의가

이 과제들을 수행할 수 있을지 우리는 알지 못합니다. 아니면 탈자본주의 사회가 유일한 해결책일지, 그러한 탈자본주의 사회를 사회주의 사회라고 불러야 할지 아니면 다른 무엇이라고 불러야 할지도 말이죠. 이 질문에 대해 확실한 답을 알아내는 것보다 더 중요한 문제는, 친노동계급적이면서도 세계화된 정치경제를 구성하기 위해 어떠한 새로운 통행 규칙들이 필요한지 알아내는 것입니다. 우리의 세계는 국경에 따라 구획된 국민 경제의 시절로 돌아갈 수 없고, 그래서도 안 됩니다. 국민 경제는 보호주의와 군사화, 국가 간 전쟁과 함께 가는 것이기 때문입니다.

바스카 순카라 우리에게는 도덕적이고 평등주의적인 청사진이 있습니다. 제 생각에 핵심은 그러한 청사진이 좀 더 구체화되고 믿을 만하다고 판단될 때까지, 아무리 작은 정책적 승리라고 할지라도 할 수 있는 최대한을 쟁취하는 것입니다.

　선생님께서는 여러 글에서 (좋은 의미에서 시대착오적인 방식으로) 노동계급 정치에 대한 이야기를 아주 많이 하셨습니다. 하지만 노동조합이나 정당, 그리고 노동계급 정치가 표현되는 다른 방식에 대해서는 자주 이야기하시지 않는 걸로 보입니다. 선생님께서는 운동을 좀 더 광범위하게 보고 계신 것인가요? 아니면 운동의 다른 측면들을 보고 계신 것인가요? 아니면 이도 저도 아직 확실하지 않은 것인가요?

낸시 프레이저   아니요. 저는 사실 좌파들이 사회운동에만 외골수로 초점을 두고 노동조합이나 정당 그리고 노동계급 조직의 다른 형태들을 간과하는 상상적 경향을 심각하게 우려하고 있습니다. 제 생각에 좌파는 적어도 두 지점에서 위기입니다. 우리에게는 프로그램화된 청사진도 없고 조직화의 전망도 없습니다. 아무래도 우리는 레닌주의적 정당에 대한 비판으로부터 네오아나키스트적 자발주의로 직행해버린 것 같습니다. 저는 네오아나키스트적 자발주의가 진지하게 다루어질 만하다고 전혀 생각하지 않습니다. 따라서 저는 두 극단 사이에 있는 광대한 중간지대를 탐사하는 데 아주 관심이 많습니다.

미국 같은 나라에서 노동조합의 잠재력과 중요성을 과소평가해서는 안 됩니다. 서비스 노동자, 패스트푸드 노동자, 가정 내 노동자, 농부, 공적 부문 노동자 등등을 조직화하는 프로젝트(기존의 노동조합들을 옹호하고, 조직화되지 않은 사람들을 조직화하는 프로젝트)에는 판 전체를 바꿀 잠재력이 있다고 생각합니다. 좌파 페미니스트들에게 매우 핵심적이면서 더 까다로운 질문은, 유급 노동과 무급 노동의 관계입니다. 이 사안에 대해서 신뢰를 줄 만한 정치적 입장과 이를 추진할 설득력 있는 조직화 전략이 없기 때문에, 우리는 노동계급 투쟁에 대한 낡고 시대착오적인 관점으로 회귀할 위험에 처해 있습니다.

만약 좌파가 새로운 헤게모니 블록에서의 지도 세력으로서 노동계급이라는 발상을 부활시키고자 한다면, 우리는 새로운 방식, 말하자면 상호 교차적으로 계급을 생각해내야 합니다. 백인, 이성애자, 남성, 다수 인종, 제조업과 광업 노동자들에 제한되지 않고, 유급과 무급, 다른 모든 직업을 아우를 뿐만 아니라 이민자와 여성, 유색인종까지 아우를 수 있는 방식으로 말입니다.

우리가 이러한 방식으로 노동계급을 다시 상상할 수 있다면, 노동계급을 청년들과 다수 중산계급, 신자유주의자들로부터 갈라설 수 있는 일부 전문경영인 계급을 아우르는 블록에서 지도 세력이 될 수 있는 역량을 가진 계급으로 이해할 수 있을 겁니다. 이 블록은 새로운 헤게모니 블록이 될 잠재력을 가진 강력한 새 동맹이 될 겁니다. 제가 볼 때, 이 블록을 건설하는 데는 정당과 사회운동뿐만 아니라 노동조합(복원되어 새로운 방식으로 해석된 노동조합)의 역할이 매우 중요합니다.

김성준

위기의 미국 정치,
어디로 가는가

　미국의 유권자들은 정치를 리얼리티 쇼의 현장으로 바꾼 도널드 트럼프에게 두 번째 기회를 주는 대신에 경륜의 정치인 조 바이든을 46대 대통령으로 선택했다. 트럼프가 노골화했던 성차별주의와 인종주의는 다시 은근하게 잠복할 것이다. 하지만 바이든의 당선을 단순히 트럼프 이전 미국 사회로의 복귀로 이해해서는 안 된다. 이 책의 저자 낸시 프레이저는 그러한 일이 불가능하다고 말한다. 아무리 좋은 포장지로 가리려고 해도 트럼프의 등장 이전에 '진보적 신자유주의'가 누리던 헤게모니로서의 권위는 이미 붕괴해버렸기 때문이다. 바이든이 트럼프를 격퇴하는 데는 성공했을지 몰라도 새로운 헤게모니를 구축하기 위해 구체적인 프로그램을 준비했는지는 아직 확실하지 않다. "낡은 것은 가고 새것은 아직 오지 않은" 위기 앞에서, 프레이저는 사실상 진보적 인정 정치와 포퓰리즘적 분배 정치를 결합한 '진보적 포퓰리즘'만이 유일한 희망임을 시사하고 있다. 이 책은 트럼프의 등장 배경과 미국 정치의 동향을 보다 큰 흐름 속에서 이해하는 데 유용한 통찰을 우리에게 던진다.

분배와 인정 그리고 헤게모니

프레이저의 주장을 제대로 이해하기 위해서는 '헤게모니', '헤게모니 블록', '분배'와 '인정'이라는 네 가지 키워드를 기억할 필요가 있다. 프레이저는 안토니오 그람시의 표현을 빌려 헤게모니란 "지배계급이 자신의 세계관을 사회 전체의 상식으로 상정함으로써 자신의 지배를 자연스러운 것으로 보이게끔 만드는 과정"이라고 말한다. 물론 헤게모니는 그저 사상의 자유시장에서 경쟁을 통해 자연스럽게 획득되는 것이 아니다. 지배계급의 세계관이 헤게모니의 자리에 등극하기 위해서는 거기에 힘을 실어줄 강력한 사회 세력들 간의 동맹이 필요하다. 다시 말해 헤게모니는 지배계급과 동맹을 맺은 이질적인 사회 세력들의 연합인 '헤게모니 블록'이 가진 주도적인 힘에 의해

지탱된다.

헤게모니 블록을 구성하는 사회 세력들은 지배계급과 '어떤 사회가 정의로운 사회인가'에 대한 관점을 공유한다. 여기서 정의로운 사회는 '분배'와 '인정'이라는 두 가지 차원에서 정의된다. 분배의 차원은 '한 사회의 자원과 재화를 구성원들에게 어떻게 나눌 것인가'의 문제와 관련된다. 이는 당연히 한 사회의 경제구조를 어떻게 유지하고 변화시킬지의 문제와 불가분의 관계이며, 정의의 사회경제적 차원이라고 부를 수도 있다. 인정의 차원은 '한 사회에서 어떤 정체성을 갖고 어떤 집단에 소속된다는 것이 어떻게 이해되고 인정되는가'의 문제와 관련되어 있다. 인정은 여러 사회 집단과 정체성 사이에 존재하는 위계적인 지위 질서들을 어떻게 유지하고 변화시킬지의 문제와 불가분의 관계이며, 정의의 문화적 차원이라 부를 수 있다.

프레이저의 해석틀이 가진 탁월함은 한 차원에서 진보적인 관점을 견지하는 세력이 다른 차원에서는 진보적인 관점을 갖고 있지 않을 수 있다는 점을 드러낸 데 있다. 예컨대 모든 차별을 철폐하자는 진보적 인정 정치를 지지하는 세력은 사회경제적 불평등을 완화하려는 진보적 분배 정치와 결합할 수도 있지만, 극도로 불평등한 부의 집중을 지향하는 신자유주의적 분배 정치와 결합할 수도 있다. 마찬가지로 상위 1퍼센트에게 모든 부를 집중시키는 신자유주의적 분배 정치를 지지하는 세력 역시 시대착오적이고 반동적인 극우의 인정 정치와 결합할 수도 있지만, 모든 정체성을 긍정하고 찬양하는 진보적 인정 정치와 결합할 수도 있다.

트럼프보다 더 큰 헤게모니의 위기

프레이저에 따르면, 트럼프의 등장 이전에 미국 사회를 지배하던 헤게모니도 진보적 인정 정치와 친금융자본적 신자유주의 분배 정치를 결합한 '진보적 신자유주의'였다. 빌 클린턴의 '신민주당' 노선은 민주당의 전통적인 지지층인 제조업 노동자들을 내팽개치면서, 진보운동의 신주류 분파들(페미니즘, 반인종주의, 다문화주의, 환경주의, 성소수자 인권 등)과 미국 경제의 신주류 세력들(월 스트리트, 실리콘밸리, 할리우드)을 새로운 헤게모니 블록으로 묶어내는 데 성공했다.

'진보적 신자유주의'는 맨얼굴로 바라보기에는 잔혹한 신자유주의적 경제정책을 다양성에 대한 찬양과 차별 철폐, 해방, 코스모폴리타니즘 등의 매력적인 가치로 가려주었기 때문에 우파가 내세우던 근본주의적 신자유주의보다 훨씬 더 성공할 수 있었다. 이전까지 사회구조의 변화를 이야기하던 진보주의자들은 권력의 최상층부에 오를 후보들의 출신 배경을 '다양하게' 만드는 데 만족하며 거기에 협력했다. 희망과 변화를 이야기하던 아프리카계 미국인 버락 오바마마저도 실은 이 '진보적 신자유주의' 헤게모니 블록을 그대로 승계했다. 덕분에 그는 다양성과 평등이라는 진보적 가치를 내세우면서, 동시에 금융자본에 대한 규제를 전향적으로 풀어주고 대형 은행들을 구제해주는 정책을 추진해나갈 수 있었다.

문제는 지난 수십 년간 진보적 신자유주의의 헤게모니 아래서 미국 사회의 부의 불평등은 점점 더 심화되고, 노동계급과 중산계급의 삶의 수준 역시 계속 하락했다는 사실이다. 서민들을 노리는 약탈적인 대출이 증가하고 좋은 일자리는 점점 사라져가며 제조업의 주요 중심지들이 붕괴해가는 와중에도, 민주당과 공화당의 기성 정치 엘리트들은 유권자의 삶에 와닿지 않는 의미 없는 메뉴판을 강요했을 뿐, 악화하는 분배 문제를 실질적으로 해결할 수 있는 반反신자유주의라는 선택지를 끝끝내 외면했다. 유권자들 사이에서 기존의 정치가 자신의 삶을 더 낫게 이끌어주리라는 기대가 완전히 붕괴한 상황에서, 트럼프는 강렬하게 등장했다.

원래 미국의 대통령 선거제도는 트럼프 같은 대중영

합적인 선동가나 극단적인 성향의 신흥 정치 세력을 효과적으로 거르고 제어할 수 있도록 설계되어 있다. 이 제도는 대중의 판단력에 대한 깊은 불신에 바탕을 두기 때문에, 사실상 엘리트와 기득권에 의한 과두제寡頭制라고 부를 수 있을 정도다. 거대 양당의 경선 과정부터가 당 지도부의 승인과 '큰손'들의 기부 없이는 승리를 기대할 수 없을 만큼 문턱이 높고, 선거인단을 통한 간접선거제도 역시 일부 지역이나 계층에서의 쏠림 현상이 본선의 판도 전체에 영향을 미치지 못하게 하는 장치로 작동해왔다. 그동안 미국의 대통령 선거가 어느 정도는 닮고 닮은 인물들 간의 예측 가능한 선택으로 압축되어온 이유다. 그들의 승리가 얼마나 '유권자의 선택'인 것처럼 연출되건, 대통령으로 낙점된 이들은 대부분 대대로 정치를 해오던 명문가 출신이거나 최소한 법조계 엘리트 출신으로, 언변과 경력이 흠잡을 데 없이 매끈하게 다듬어진 인물들이었다.

무엇보다 트럼프의 승리가 놀라웠던 이유는 리얼리티 쇼의 출연자처럼 떠들썩하기만 한 막말꾼이 기존의 엘리트들이 마련한 절차적 장애물들과 그들이 손수 선정한 유력 후보들을 다 물리쳐버렸기 때문이다. 그동안 큰손들이 설계한 게임을 절차대로 진행해주던 유권자들은, 2016년에는 미국 정치를 지배해오던 '상식'에서 벗어나서

움직였다. 이에 프레이저는 트럼프의 승리가 그저 하나의 돌발 사건이 아니라, '헤게모니의 붕괴'라는 보다 큰 위기의 일부로 이해되어야 한다고 주장한다. 이전까지 미국에서 상식의 지위를 차지하던 주도적 세계관인 진보적 신자유주의가 헤게모니로서의 효력을 상실해버렸기 때문에 트럼프가 성공을 거둘 수 있었다는 것이다.

프레이저는 트럼프의 파괴력이 포퓰리즘적·반反신자유주의적 의제에 있었다고 판단한다. 트럼프는 대통령 후보로 유세에 나선 기간에 제조업 부활과 사회적 인프라에 대한 투자를 약속하면서, 노동계급과 중산계급의 삶이 일정 수준 이상으로 보장되던 과거의 좋았던 시절에 대한 향수를 자극했다. 물론 당선되고 나서는 자신이 내세웠던 포퓰리즘적 공약들을 철저하게 배신했지만 말이다.

프레이저의 낙관론이 가진 맹점

위기의 급박함을 강조하는 문체에도 불구하고 프레이저의 진단을 지배하는 것은 근본적으로 낙관론이다. 프레이저에 따르면, 트럼프의 등장과 버니 샌더스의 예상 밖 선전은 신자유주의적 분배 정치 외에도 포퓰리즘적 분배 정치라는 새로운 분배 정치가 가능하다는 것을 알린 사건이었다. 반동적 포퓰리즘의 성공은 진보적 포퓰리즘에도 그만큼 기회가 있다는 것을 의미한다. 이미 포퓰리즘이라는 선택지가 세상에 알려진 이상, 이전으로 돌아갈 수는 없다는 것이 프레이저의 낙관론이 가진 가장 큰 근거다.

우리가 프레이저의 낙관론을 수긍할 수 있는지 검토하기 전에, 이러한 결론의 전제가 되는 프레이저의 진단이 다소 편파적이라는 점을 지적하지 않을 수 없다.[*] 페미니즘이나 성소수자 운동, 생태환경 운동 등 다양한 진보 담론의 언어가 친親금융자본적인 정치 엘리트와 글로벌 거대 기업, 주류 미디어 등에 의해 도용됐다는 지적은 이전에도 있었다. 프레이저가 지적하듯이, 한때 불평등하고 위계적인 사회구조의 근본적인 변혁을 촉구하던 진보 운동의 구호들은 능력만 있다면 출신 배경에 상관없이 권력의 상층부를 점유할 수 있도록 만들자는 능력주의 담론에 의해 상당 부분 잠식됐다. 하지만 아무리 그렇다고 해도 그동안의 진보 운동이 인정 정치와 관련된 의제에만 집중하면서 진보적 신자유주의 헤게모니 블록의 하위 파트너이자 시녀 역할을 했다는 식의 주장은 다소 과도하다. 물

■ 공교롭게도 옮긴이가 이전에 번역한 《도둑맞은 페미니즘》(니나 파워 지음, 에디투스, 2018)도 이와 비슷한 취지의 비판을 제기한다.

밑에서 열심히 신자유주의적 자본주의 너머를 이야기하던 수많은 이론과 투쟁들이 있었기 때문이다.

심지어 프레이저가 진보적 신자유주의 헤게모니가 지배했다고 묘사한 기간 동안에도 젠더나 인종 문제가 자본주의적 지배와 어떻게 '교차'하는지를 다룬 수많은 페미니스트와 반인종주의자가 있었고, 운동의 차원에서 인정과 분배 의제를 함께 다루려는 시도들이 없지 않았다. 프레이저 역시 모든 진보주의자가 진보적 신자유주의의 대의에 굴복한 것은 아님을 인정하지만, 이 책은 이들의 저항이 진보적 신자유주의 헤게모니의 부상과 함께 신속하게 '주변화'되었다고 간단하게 요약해버리고 만다.

물론 프레이저는 헤게모니의 흥망에 대해서만 다룬다고 했기에, 헤게모니에 영향을 주는 수준으로까지 부상하지 못한 진보적 이론과 실천의 역사를 꼭 다뤄야 할 의무는 없다고 하겠다. 프레이저가 인정 의제에 관련되어 있다고 분류해버린 수많은 운동과 이론에서 사회경제적인 불평등 문제나 자본주의의 모순과의 '교차성'을 이야기하고 있다는 점을 굳이 언급하지 않은 것은 그런 이유이리라 짐작해볼 수 있다. 하지만 백 번 양보하더라도 특히 최근 들어 미국 사회에서 가장 급진적이고 포괄적인 사회운동을 위한 플랫폼이 되어가는 '흑인의 삶은 중요하다Black Lives Matter' 운동에 대해서조차 단 한 줄도 할애하

지 않은 것은 의아하다.[■]

　이 책에서 프레이저는 인종과 젠더 등의 사안을 중심으로 하는 진보적 인정 정치와 노동계급, 중산계급을 앞세우는 포퓰리즘적 분배 정치가 서로를 배제하는 문제가 아님을 상당히 강조한다. 새롭게 떠오를 '진보적 포퓰리즘' 블록은 여성과 이민자, 유색인종을 포함해 폭넓게 상정된 노동계급을 중심으로 반성차별주의와 반인종주의를 끌어안아야 한다고도 주장한다. 하지만 프레이저는 반인종주의나 페미니즘 같은 인정 의제 중심의 운동이 계급 중심의 분배 정치를 포괄할 가능성에 대해서는 꾸준히 침묵한다. 프레이저가 겉으로는 인정 의제와 분배 의제가 모두 중요하다고 말하면서도, 암묵적으로는 인정 의제가 분배 의제에 종속되어야 한다는 태도를 전제하는 것이 아닌가 의심스러워지는 지점이다.

　프레이저가 인정 정치의 의제를 너무 단순하게 생각하는 경향이 있다는 것은 트럼프의 반동적 포퓰리즘에 대한 낙관에서도 드러난다. 2016년의 트럼프가 보여준 것은

[■] 이 같은 취지의 비판적 논평은 다음 글을 참고할 만하다. 길지 않지만 그간 프레이저의 서술에서 누락된 것들이 무엇인지 잘 지적한 글들이다. Johanna Brenner, "There Was No Such Thing As 'Progressive Neoliberalism'", *Dissent*, 2017; Brenna Bhandar and Denise Ferreira da Silva, "White Feminist Fatigue Syndrome: A Reply to Nancy Fraser", *Critical Legal Thinking*, 2013.

포퓰리즘이라는 새로운 분배 정치 선택지만이 아니다. 트럼프는 미국 정치에서 노골적이고 인종주의적이며 성차별적이고 반환경적인, 요컨대 초반동적 인정 정치라는 선택지도 있음을 보여줬다. 프레이저도 지적했듯이 트럼프는 대통령이 된 후에 포퓰리스트로서의 행보는 중단하고 다시 고소득층의 세금을 감면해주는 신자유주의적 분배 정책으로 돌아갔다. 실망할 법한 지지자들을 달래기 위해 그가 택한 것은 초반동적 인정 정치였다. 날마다 여성과 유색인종, 소수자 정체성에 대한 공격을 계속해나갔는데도 트럼프의 지지층 사이에서 그의 인기는 높아지기만 했다. 2016년뿐만 아니라 2020년에도 진보적 포퓰리즘을 주창한 샌더스는 당내 경선의 문턱을 넘지 못하고 좌절했지만, 임기 내내 초반동적 신자유주의라는 최악의 길을 걸은 트럼프가 바이든과 예상 외의 접전을 펼쳤다는 사실은 뒷맛을 씁쓸하게 한다.

트럼프가 초반동적 인정 정치를 내세우고도 유력한 대권 도전 세력으로 남을 수 있었던 데 반해 샌더스의 포퓰리즘적 분배 정치를 항상 본선의 문턱에서 좌절하게 만드는 것은 무엇일까? 어쩌면 프레이저의 낙관론과 달리 그동안 소외되어온 노동계급이 경제적 포퓰리즘보다 초반동적 인정 정치에 더 매력을 느끼고 있기 때문은 아닌가? 트럼프가 약속했던 일자리를 마련해주지 못하고 제조업과 사회적 인프라에 대한 투자가 이루어지지 않더라도, 여성의 피임과 낙태에 대한 접근권을 박탈하고 외국인의 일자리를 뺏고 미국에서 쫓아내는 분풀이에 만족하는 유권자들도 적지 않다는 뜻이 아닐까? 프레이저가 말하는 진보적 포퓰리즘이 과연 이들 유권자를 범노동계급의 연대 안으로 끌어들일 수 있을까? 아니 그보다 이렇게 끔찍한 이들마저 노동계급이라는 이름으로 끌어들인다면, 과연 반인종주의와 반성차별주의를 포괄하는 범노동계급의 연대가 가능할까?

트럼프는 가도 위기는 계속된다

트럼프 퇴장 후의 미국에 대해서도 잠시 이야기를 해보자. 바이든은 대선 유세 기간 동안, 2016년 민주당이 트럼프에게 빼앗겼던 노동계급과 중산계급의 표를 가져오기 위해 샌더스나 엘리자베스 워렌Elizabeth Warren, 알렉산드리아 오카시오코르테스Alexandria Ocasio-Cortez(AOC) 등의 민주당 내 진보 세력의 주장과 정책들을 적극적으로 흡수했다. 바이든의 정책 패키지는 내용 자체만 놓고 봤을 때는 샌더스의 진보적 포퓰리즘과 공유하는 지점이 많다. 바이든은 트럼프의 부자 감세 기조를 철폐하고 법인

세율을 인상하며 미국 제조업의 부활과 노동조합의 재건을 약속했다. 또한 트럼프가 폐지했던 저소득층 의료 지원을 부활하는 것은 물론 건강보험의 적용 범위를 더 확대하는 방안도 내놓았다.

하지만 공약만 보고 바이든이 프레이저가 기대하는 진보적 포퓰리즘이라는 새로운 헤게모니의 구성에 본격적으로 착수했다고 판단하는 것은 성급한 결론이다. 새로운 세계관이 헤게모니로 등극하기 위해서는 그것을 힘으로 뒷받침할 헤게모니 블록, 즉 여러 사회 세력 간의 강력한 동맹이 구축되어야 한다. 바이든이 이번 선거의 승리를 위해, 클린턴-오바마 시절의 진보적 신자유주의 블록에 속한 이들에 더해서 민주당의 전통적인 지지층인 백인 노동계급을 끌어들여 광범위한 선거 연합을 구성한 것은 사실이다. 그러나 문제는 이 선거 연합이 새로운 헤게모니 블록이 될 만큼의 결속력이 있는가다.

기존의 정치 엘리트와 경제적 기득권은 트럼프의 초반동적 인정 정치는 용인해도 샌더스의 포퓰리즘적 분배 정치에는 상당한 반감을 표현해왔다. 이번 선거에서 바로 그 경제적 기득권에 해당하는 월 스트리트와 실리콘밸리의 기업가들은 바이든 캠프에 천문학적인 선거자금을 지원했다. 바이든이 과연 주요 물주의 반발을 무릅쓰고도 포퓰리즘 경제정책을 밀어붙일 의지와 능력이 있을지 걱정이 되는 부분이다. 바이든의 주도 아래 진보적 포퓰리즘을 뒷받침할 '계급 연합'이 조성될 수 있다고 낙관할 만한 근거는 아직 없다. 과거의 뉴딜 블록은 제조업 분야의 자본가계급을 끌어들였고, 진보적 신자유주의 블록은 신주류 세력인 월 스트리트와 실리콘밸리를 끌어들일 수 있었다. 그러나 진보적 포퓰리즘 블록이 어떤 경제적 기득권을 동맹 안으로 끌어들일 수 있을지는 아직까지 미지수다.

어쩌면 트럼프의 포퓰리즘 공약이 선거용 미끼 상술이었던 것과 마찬가지로, 바이든도 승리를 위해서 포퓰리즘의 언어를 잠시 활용한 것일지도 모른다. 한때 유력한 노동부 장관으로 거론되던 워렌이나 샌더스의 입각 가능성이 낮게 점쳐지는 걸 보면, 결국 바이든 내각은 강력한 포퓰리즘 정책을 집행할 의지를 드러내지 않는 안정적인 인물로 구성될 가능성도 있다. 벌써부터 지나칠 정도로 이념적 스펙트럼이 넓었던 선거 연합이 균열의 조짐을 보이는 것도 좋은 신호는 아니다. 상원과 하원 모두에서 과반을 노리던 민주당이 예상 밖의 부진을 보이자 민주당의 몇몇 중도 성향 의원은 이를 지나치게 급진적인 메시지를 내놓는 당내 진보 세력의 탓으로 돌리기도 했다. 앞으로도 이와 유사한 방식으로 바이든의 임기 초반에 진보 세력의 영향력을 축소하려는 시도는 계속될 것이다. 민주당 내의 진보파가 얼마만큼의 내구력과 협상력을 갖고 있는

지가 검증대에 오르리라 예상된다.

바이든이 공약을 따라 진보적 걸음을 몇 차례 디디려고 시도는 하겠지만, 바이든 본인의 의지 부족 탓이든 주변의 부족한 조건 탓이든, 새로운 행정부는 언제든지 '진보적 신자유주의'의 기조로 회귀할 수 있을 것이다. 무엇보다 우려되는 바는, 바이든의 실패가 그에게 조금이나마 기대를 걸었던 노동계급과 중산계급 유권자들이 기성 정치 엘리트에 대한 신뢰를 깡그리 거두게끔 만들지 모른다는 사실이다. 나중에 이들이 트럼프 또는 그보다 더 나쁜 초반동적 인정 정치를 내세우는 정치 세력을 지지하게 된다면 그 파급효과는 2016년과 비할 수 없을 재앙에 가까울 것이다.

그렇다면 한국의 상황은 미국과 얼마나 다른가? 거대 양당이 기성 정치의 게임을 주도한다는 점에서는 미국과 유사한 점이 많다. 많은 이가 지적하듯이 한국 정치를 주도하는 거대 양당의 이념적 차이나 정책적인 차별점은 그리 크지 않다. 극소수의 정치 엘리트 간의 갈등을 각자의 지지 기반이 되는 지역 간의 갈등으로 증폭시켜서 연명한다는 점에서, 이 두 정당은 일종의 적대적 상호 의존 관계에 있기도 하다. 거대 양당이 유권자들에게 실질적으로 의미 있는 선택지를 주지 못하는 상황에서, 이들에 대한 신뢰를 잃은 시민들이 이전에는 시도하지 못한 새로운 길을 탐색할 여지는 얼마든지 있다. 그러한 탐색이 트럼 프류의 반동적 포퓰리즘으로 향하게 될지, 샌더스류의 진 보적 포퓰리즘으로 향하게 될지, 예상하기는 힘들겠지만 말이다.

안타깝게도 전망은 그리 밝지 못한 것 같다. 그동안 기성 정치 엘리트들에 의해 '경제 민주화'나 '소득 주도 성장' 등의 분배 정치의 의제들이 선거용 미끼 상술로 너 무 많이 활용되어왔기 때문에, 한국의 유권자들에게 샌 더스류의 진보적 포퓰리즘이 진정성 있고 신선한 목소리 로 받아들여지기는 힘들 것이다. 게다가 분배 정치 의제 에 힘을 실어줄 조직화된 노동조합 등의 사회 세력들도 한국에서는 충분히 발전하지 못했다. 반면에 심화하는 세 대 갈등과 소득 불평등은 한국에서 반동적 인정 정치 의 제에 기회를 줄 수 있을 것이다. 예전만큼 기회와 일자리 가 창출되지 못하는 한국 사회에서, 기성세대에 잠재력을 펼칠 기회를 뺏겼다고 생각하는 좌절한 젊은이들이 트럼 프류의 여성혐오와 (인종혐오를 대신하는) 지역혐오, 외 국인혐오로부터 자기 목소리를 찾을 가능성은 매우 높다. 우리 사회도 기성 정치에 대한 실망을 어떻게 더 나은 삶 을 요구하는 진보적 목소리로 바꿀 수 있을지 진지하게 고민해야 한다. 우리에게 주어진 시간이 그리 길지는 않 을 것이다.

낡은 것은
가고
새것은
아직 오지
않은

초판 1쇄 발행 2021년 2월 5일

지은이 낸시 프레이저
옮긴이 김성준

펴낸이 김현태
펴낸곳 책세상
등록 1975년 5월 21일 제1-517호
주소 서울시 마포구 잔다리로 62-1, 3층 (04031)
전화 02-704-1250 (영업), 02-3273-1334 (편집)
팩스 02-719-1258
이메일 editor@chaeksesang.com
광고·제휴 문의 creator@chaeksesang.com
홈페이지 chaeksesang.com
페이스북 /chaeksesang   **트위터** @chaeksesang
인스타그램 @chaeksesang   **네이버포스트** bkworldpub

ISBN 979-11-5931-570-1 03340